말 잘하고 글 잘 쓰게 돕는
읽는 우리말 사전

3

얄궂은 말씨 손질하기

말 잘하고 글 잘 쓰게 돕는
읽는 우리말 사전 **3**

얄궂은 말씨 손질하기

펴낸날 2018년 6월 11일
지은이 최종규
기획 숲노래

펴낸이 조영권
만든이 노인향, 김영하
꾸민이 토가 김선태

펴낸곳 자연과생태
주소 서울 마포구 신수로 25-32, 101(구수동)
전화 02) 701-7345~6 **팩스** 02) 701-7347
홈페이지 www.econature.co.kr
전자우편 econature@naver.com
등록 제2007-000217호

ISBN : 978-89-97429-93-6
       978-89-97429-79-0 04700 (세트)

숲노래 · 최종규 ⓒ 2018

이 책에 실은 내용을 다른 곳에 쓰려면 반드시 글쓴이와 자연과생태에서
허락을 받아야 합니다.

말 잘하고 글 잘 쓰게 돕는 읽는 우리말 사전

쓰게 돕는 읽는

3

우리말 사전

얄궂은 말씨 손질하기

숲노래 기획 · **최종규** 지음

자연과생태

얄궂은 말씨를 상냥하게 손질하는 글쓰기

일본 한자말, 중국 한자말, 일본 말씨, 번역 말씨, 콩글리시, 엉뚱한 말씨, 어긋난 말씨, 영어…… 어지러운 말이랑 글이 넘칩니다. 이를 여러 갈래 책에서 살피고 보기글을 뽑아서 얄궂은 말씨를 손질해 봅니다. 딱히 다른 일을 할 생각이 없습니다. 그저 얄궂은 말씨를 가볍게 손질해 볼 뿐입니다. 때로는 낱말 하나를 바꾸고, 때로는 글월을 통째로 새로 써 봅니다.

이 낱말을 저 낱말로 바꿀 뿐인데 글이 어떻게 달라지는가를 살펴볼까요?

인문책에서도 시집에서도 만화책에서도 그림책에서도 생태도감에서도 아리송하거나 얄궂은 말씨를 쉽게 찾아낼 수 있습니다. 어느 모로 본다면 이제 이런 말씨가 워낙 흔하기에 이런 말씨를 얄궂거나 아리송하다고 하기보다는 '새로운 현대 한국 말씨'로 여길 수 있겠습니다.

그런데 이런 말씨로 공무원이 공문서를 쓰면 우리는 하나같이 '공무원은 왜 이렇게 글을 어렵고 얄궂게 쓰느냐'며 나무랍니다. 공무원이 쓰는 공문서도 쉽고 바르며 알맞고 곱게 가다듬을 노릇인데, 이에 앞서 우리 누구나 글을 가다듬어서 말도 함께 살찌우면 좋겠습니다.

보기글 하나를 놓고서 이 글월에 나오는 몇 낱말을 뽑아 사전 뜻풀이를 옮긴 다음에, 이 낱말을 제대로 가려 썼는가를 살피고, 어떻게 손질하면 쉽고 바르며 알맞고 곱게 써 볼 만한가를 함께 생각해 보려고 합니다.

다만 이 글은 틀렸으니 저렇게 쓰자는 뜻이 아닙니다. 이 글로는 아무래도 함께 생각을 나누기 어렵거나 갑갑하니까, 서로 생각을 나누기 한결 수월하면서 즐겁도록 글을 새롭게 써 보자는 뜻입니다.

그러니까 저는 낱말이나 글월을 이렇게 바꾸어 보았으니, 이 책을 읽으시는 분들도 저마다 살짝살짝 새롭게 바꾸어 보면서 글맛이나 글멋을 살리는 길을 찾아보시면 좋겠습니다. 우리 함께 머리를 맞대어 즐겁고 슬기로우면서 사랑스레 글빛을 북돋우기를 바랍니다.

사전 짓는 책숲집, 숲노래에서
2018년 6월 **최종규** 적음

쉽고 알맞게 생각을 나누는 글쓰기란?

우리가 아무렇지 않게 쓰던 글월을 찬찬히 살펴보면 어지러운 말이랑 글이 곧잘 눈에 띄어 얄궂습니다. 전문 용어나 인터넷 말이라 하면서 널리 쓰이다가 어느새 익숙해진 낱말이기도 합니다.

이런 얄궂은 말씨를 쉬운 말로 뜻을 살려 가다듬는다면 서로 생각을 나누기 한결 수월하지 않을까요?

말 한 마디를 살며시 바꾸어 보면서 글맛을 살리는 길에 이 책이 도움 되기를 바랍니다.

미리읽기

ㄱ 책에서 마주한 얄궂은 글월에서 낱말이나 말씨를 살짝 바꾸며
한결 쉽게 뜻이 흐를 수 있도록 글쓰기 얼거리를 살펴봅니다.
한자말, 외국말 뜻풀이는 국립국어원 『표준국어대사전』에서
옮겼으며, 이를 바탕으로 왜 어지러운 낱말을 썼는지 생각해
봅니다.

ㄴ 어려운 말, 번역 말씨, 한자말, 겹말, 돌림말을 보기글에서 어
떻게 떼어내고 쉬운 말로 바꾸거나 손질해서 쓸 수 있는가를
짚습니다. 있는 그대로 말뜻이 흐르도록 우리 말씀씀이를 차
분히 가다듬어 보려고 합니다.

ㄷ 보기글은 모두 책에서 뽑았습니다. 보기글을 어떤 책에서 뽑
았는지는 책끝에 밝힙니다.

차례

10만 그루에 대한 벌목이 시작됐다

- **대하다(對-):** 3. ('대한', '대하여' 꼴로 쓰여) 대상이나 상대로 삼다
- **벌목(伐木):** 멧갓이나 숲의 나무를 벰. '나무 베기'로 순화 ≒ 간목(刊木)·착목(斲木)
- **시작되다(始作-):** 1. 어떤 일이나 행동의 처음 단계가 이루어지다

'나무에 대한 벌목'이란 '나무베기'를 가리킵니다. '벌목이 시작됐다'는 '나무를 베었다'를 뜻합니다. 일본 번역 말씨로 씌우지 말고, '나무 10만 그루를 벤다'고 적으면 됩니다.

- 426㎡나 되는 면적으로 공항 용지의 40%를 차지하는 고료목장의 나무 **10만 그루에 대한 벌목이 시작됐다**

→ 426㎡나 되는 넓이로 공항터에서 40%를 차지하는 고료목장 나무 **10만 그루를 벤다**

→ 426㎡나 되는 넓이로 공항터에서 40%를 차지하는 고료목장 나무 **10만 그루를 베려고 든다**

→ 426㎡나 되는 넓이로 공항터에서 40%를 차지하는 고료목장 나무 **10만 그루를 하나하나 벤다**

가로등 아래·일렁이고 있다

- **아래:** 1. 어떤 기준보다 낮은 위치
- **있다:** [도움움직씨] 1. 앞말이 뜻하는 행동이나 변화가 끝난 상태가 지속됨을 나타내는
  말 2. 앞말이 뜻하는 행동이 계속 진행되고 있거나 그 행동의 결과가 지속됨을 나타내
  는 말

'아래'하고 '밑'을 가리지 못하는 분이 많습니다. 그림자나 그늘이 지는 곳을 '아래'로 잘못 나타내기 일쑤입니다. '나무 위'는 새가 훨훨 날아다니는 하늘입니다. '나무 아래'라면 나무가 뿌리를 뻗은 땅속입니다. '가로등 아래'라면 가로등이 뿌리를 박은 자리인 땅속을 가리킵니다. 가로등이 선 데에 나무 그림자가 있다면 '가로등 밑'이라 해야 올바릅니다. '가로등 곁'이라 해 보아도 됩니다. 사전에 '있다'를 도움움직씨로 싣지만, 이는 일본 번역 말씨입니다. "일렁이고 있다"는 '일렁인다'로 고쳐 줍니다.

- 가로등 아래 나무 그림자가 **일렁이고 있다**
- → 가로등 밑에 나무 그림자가 **일렁인다**
- → 가로등 곁에 나무 그림자가 **일렁인다**

감수성이 예민한 나이

- **감수성(感受性):** 외부 세계의 자극을 받아들이고 느끼는 성질
- **예민하다(銳敏-):** 1. 무엇인가를 느끼는 능력이나 분석하고 판단하는 능력이 빠르고 뛰어나다 2. 어떤 문제의 성격이 여러 사람의 관심을 불러일으킬 만큼 중대하고 그 처리에 많은 갈등이 있는 상태에 있다

'감수성이 예민하다'는 좀 엇갈린다 싶은 두 가지 모습을 나타낸다고 할 만합니다. 먼저 '잘 웃고 잘 우는', 다음으로 '작은 일에도 날카로운' 모습을 나타냅니다. 두 가지 모습은 다른 몸짓이나 매무새라 할 테니 어떠한 결인가를 알맞게 나누어 '웃음 눈물 많은'이라 하든지 '작은 데에도 마음이 쓰이는'이라고 똑똑히 밝혀서 쓰면 됩니다.

- ● 한창 **감수성이 예민한 나이**에 친구들도 사귀고 그 시간을 즐겨야 한다
- → 한창 **눈물 웃음 많은 나이**에 동무도 사귀고 그때를 즐겨야 한다
- → 한창 **잘 웃고 잘 우는 나이**에 동무도 사귀고 그때를 즐겨야 한다
- → **눈물 흔하고 쉬 흔들리는 나이**에 동무도 사귀고 그때를 즐겨야 한다
- → **작은 것에도 마음이 쓰이는 나이**에 동무도 사귀고 그때를 즐겨야 한다
- → **작은 일에도 날카로운 나이**에 동무도 사귀고 그때를 즐겨야 한다

감이 온다

- **정도(程度):** 1. 사물의 성질이나 가치를 양부(良否), 우열 따위에서 본 분량이나 수준
- **만큼 :** 1. 앞의 내용에 상당한 수량이나 정도임을 나타내는 말
- **감(感):** 1. 느낌이나 생각

일본책을 옮기면서 퍼진 말씨 가운데 하나인 '感이 온다'입니다. 말뜻만 살피자면 '느낌이 온다'로 손볼 듯하지만 한국 말씨로는 '느낌이 온다'나 '생각이 온다'라 하지 않습니다. '느낀다'나 '안다'나 '깨닫는다'나 '알아차린다'로 손보아야 한결 낫습니다. '느낄 수 있다'나 '알 수 있다'로 손보아도 됩니다. '만큼'을 가리키는 한자말 '정도'인데, 사전풀이를 보니 '만큼'을 '정도'로 풀이해서 뜻을 또렷이 알기가 어렵습니다.

- 어느 정도 편집 일에 익숙해지면 **감이 온다**
- → 어느 만큼 편집 일에 익숙해지면 **느낀다**
- → 어느 만큼 편집 일에 익숙해지면 **깨닫는다**
- → 어느 만큼 편집 일에 익숙해지면 **알 수 있다**
- → 어느 만큼 편집 일에 익숙해지면 **알 만하다**
- → 어느 만큼 편집 일에 익숙해지면 **알아차린다**

갖춰져 있어 그 가족들에게도·적용된다

- **지다:** [도움움직씨] 1. 남의 힘에 의하여 앞말이 뜻하는 행동을 입음을 나타내는 말 2. 앞말이 뜻하는 대로 하게 됨을 나타내는 말 3. 앞말이 뜻하는 상태로 됨을 나타내는 말
- **있다:** [움직씨] 3. 사람이나 동물이 어떤 상태를 계속 유지하다 [그림씨] 7. 사람이나 사물 또는 어떤 사실이나 현상 따위가 어떤 곳에 자리나 공간을 차지하고 존재하는 상태이다
- **그:** [매김씨] 2. 앞에서 이미 이야기한 대상을 가리킬 때 쓰는 말
- **-되다:** '피동'의 뜻을 더하고 동사를 만드는 접미사

서양말을 한국말로 옮기면서 입음꼴이 자꾸 불거집니다. 한국말에서는 입음꼴을 쓸 일이 없다시피 합니다. 서양말 입음꼴을 곧이곧대로 받아들이다가 사전풀이까지 이를 고스란히 따르는데, "갖춰져 있어"는 현재진행형처럼 보이는 겹말이기도 합니다. '지다'나 '-되다'는 섣불리 안 붙입니다. 앞에서 가리킨 이를 다시 가리킬 적에 한국말은 '그'를 쓰기보다는 앞말을 다시 밝히거나 덜어냅니다.

- ● 건강보험 체제가 **갖춰져 있어 그 가족들에게도** 보편적으로 건강보험이 **적용된다**
- → 건강보험 틀이 **있어 (군인) 식구한테도** 두루 건강보험이 **된다**
- → 건강보험 틀을 **갖추어** 식구 모두 건강보험을 **누린다**

거미그물을 만들면서 삶의 터전을

- **무사히(無事-):** 1. 아무런 일이 없이 2. 아무 탈 없이 편안하게
- **정착하다(定着-):** 1. 일정한 곳에 자리를 잡아 붙박이로 있거나 머물러 살다
- **영역(領域):** 1. 한 나라의 주권이 미치는 범위. 영토, 영해, 영공으로 구성된다 2. 활동, 기능, 효과, 관심 따위가 미치는 일정한 범위
- **만들다:** 1. 노력이나 기술 따위를 들여 목적하는 사물을 이루다

거미는 거미그물이나 거미줄을 '만들'까요? 아닙니다. 거미는 그물이나 줄을 '짜'거나 '짓'거나 '칩'니다. 알에서 갓 깨어난 뒤에 바람을 타고 날아가다가 땅에 '잘 내려오'거나 '잘 떨어지'거나 '잘 내려서'면 삶자리나 삶터를 지키려 하겠지요.

- 무사히 땅에 정착한 거미는 영역을 지키고 **거미그물을 만들면서 삶의 터전을** 잡아 갑니다

→ 땅에 잘 내려온 거미는 자리를 지키고 **거미그물을 짜면서 삶터를** 잡아 갑니다

→ 땅에 잘 떨어진 거미는 터를 지키고 **거미그물을 지으면서 삶자리를** 잡습니다

→ 땅에 잘 내려선 거미는 터를 지키고 **거미그물을 치면서 삶자리를** 잡습니다

건강한 삶을 유지하려면

- **건강하다(健康-)**: 정신적으로나 육체적으로 아무 탈이 없고 튼튼하다
- **유지하다(維持-)**: 어떤 상태나 상황을 그대로 보존하거나 변함없이 계속하여 지탱하다

한자말 '건강·유지'를 쓰고 싶다면 '삶을 건강히 유지하려면'으로 손볼 만합니다. 한자말을 손질하려면 '삶을 튼튼히 지키려면'이나 '삶을 튼튼히 가꾸려면'으로 적어 볼 수 있습니다. 보기글은 '튼튼하게 살려면'이나 '튼튼하려면'처럼 단출하게 손질해도 됩니다.

- ● 내가 **건강한 삶을 유지하려면** 어떻게 해야 할까
- → 나를 **튼튼히 지키는 삶이 되려면** 어떻게 해야 할까
- → 내가 **튼튼하게 살려면** 어떻게 해야 할까
- → 내가 **튼튼하려면** 어떻게 살아야 할까

경의를 표해야

- **경의(敬意)**: 존경하는 뜻
- **표하다(表-)**: 태도나 의견 따위를 나타내다

'경의를 표하다'는 '존경하는 뜻을 나타내다'를 가리키는데, '존경(尊敬)'은 "남의 인격, 사상, 행위 따위를 받들어 공경함"을 뜻합니다. '공경(恭敬)'은 "공손히 받들어 모심"을 뜻합니다. 그러니까 '존경'은 '받들어 받듦'을 가리키는 얼거리라 겹말풀이가 됩니다. 가만히 따져 본다면 '받들거나 모시려는 뜻을 나타내다'를 '경의를 표하다'로 가리키는 셈인데, 이는 '받들다'나 '모시다'나 '섬기다'나 '우러르다'로 손볼 만합니다. 보기글에서는 "발에게 경의를 표해야"라 나오니 '발을 섬겨야'나 '발을 받들어야'로 손볼 수 있습니다. 이 말은 '발한테 절을 해야' 한다거나 '발한테 고맙다고 해야' 한다는 뜻이 됩니다. 글말인 "-에게"는 '-한테'로 손보면 한결 부드럽습니다.

- 그리고 발에게 **경의를 표해야** 한다
→ 그리고 발을 **받들어야** 한다
→ 그리고 발한테 **절을 해야** 한다
→ 그리고 발한테 **절을 올려야** 한다
→ 그리고 발한테 **고맙다고 해야** 한다
→ 그리고 발한테 **고맙다며 절해야** 한다

경제적으로 부족한 생활을 해 왔다

- **경제적(經濟的):** 1. 인간의 생활에 필요한 재화나 용역을 생산·분배·소비하는 모든 활동에 관한. 또는 그런 것
- **부족하다(不足-):** 필요한 양이나 기준에 미치지 못해 충분하지 아니하다
- **생활(生活):** 1. 사람이나 동물이 일정한 환경에서 활동하며 살아감 2. 생계나 살림을 꾸려 나감

"경제적으로 부족한 생활"하고 맞서는 모습이라면 '경제적으로 풍족(豐足)한 생활'이리라 봅니다. 말이 퍽 긴데, 이는 단출하게 '모자란 살림'이나 '넉넉한 살림' 또는 '가난하다'나 '넉넉하다'로 가리킬 만합니다. '살림돈이 모자라다'고 할 적에는 '돈이 없다'는 뜻이기도 합니다. '없는 살림'이나 '힘겨운 살림'이라고도 할 만합니다.

- 우리는 일찍이 오랜 기간 **경제적으로 부족한 생활을 해 왔다**
- → 우리는 일찍이 오랫동안 **돈이 없이 살아왔다**
- → 우리는 일찍이 오랫동안 **살림돈이 모자랐다**
- → 우리는 일찍이 오래도록 **가난하게 살았다**
- → 우리는 일찍이 퍽 오래 **가난한 살림이었다**

경청의 가장 핵심에는 존중이 있습니다

- **경청(傾聽):** 귀를 기울여 들음 ≒ 동청(動聽)
- **핵심(核心):** 사물의 가장 중심이 되는 부분
- **존중(尊重):** 높이어 귀중하게 대함
- **절대로(絕對-):** 어떠한 경우에도 반드시
- **강요하다(强要-):** 억지로 또는 강제로 요구하다 ≒ 강구하다

"경청의 가장 핵심에는"이라 하면 '핵심'이 임자말이 되어 얄궂습니다. 말짜임만 손보아 '경청은 가장 핵심에 존중이 있습니다'라 할 수 있으나 임자말을 없애서 '존중하는 마음으로 경청합니다'로 손본 뒤, '받드는 마음으로 귀담아듣습니다'로 더 손볼 만합니다. "경청은 강요하지 않죠"에서는 '경청'이 임자말이 되는데 이 글월도 엉성하니 다시 임자말을 없애서 '경청할 적에는 강요하지 않죠'로 손본 뒤, '귀담아들을 적에는 억지를 안 쓰죠'로 더 손볼 만합니다. '절대로'는 '반드시'나 '함부로'로 손보거나 덜어냅니다.

- **경청의 가장 핵심에는 존중이 있습니다.** 그래서 **경청**은 절대로 강요하지 않죠
- → **받드는 마음으로 귀담아듣습니다.** 그래서 억지를 안 쓰죠
- → **섬기는 마음으로 귀여겨듣습니다.** 그래서 내 뜻을 섣불리 밀어붙이지 않죠
- → **아끼려 하기에 귀를 기울입니다.** 그래서 우리 뜻을 함부로 내세우지 않죠

곤충에 대한 우리의 전형적 반응을
지배하는

- **전형적(典型的):** 어떤 부류의 특징을 가장 잘 나타내는
- **반응(反應):** 1. 자극에 대응하여 어떤 현상이 일어남
- **지배하다(支配-):** 2. 외부의 요인이 사람의 생각이나 행동에 적극적으로 영향을 미치다

학문에서는 '벌레'라 안 하고 '곤충'이라 합니다만, 한자말이어야 학문말인 듯 여기면서 '벌레를 이처럼 엄청나게 두려워하고 미워할 줄은'을 "곤충에 대한 우리의 전형적 반응을 지배하는 두려움과 증오가 이렇게 클 줄은"처럼 늘어뜨리곤 합니다. 번역 말씨 "-에 대한"을 다듬습니다. "우리의 전형적 반응"은 "우리가 흔히 보이는 반응"을 뜻할 텐데, 이 글에서는 '우리가'로 고쳐쓰면 깔끔합니다. 군살을 덜면 학문말이 한결 빛납니다.

- **곤충에 대한 우리의 전형적 반응을 지배하는** 두려움과 증오가 이렇게 클 줄은 몰랐다
- → **벌레를 우리가 이처럼 엄청나게** 두려워하고 미워할 줄은 몰랐다
- → **우리가 벌레를 이렇게 엄청나게** 두려워하고 싫어할 줄은 몰랐다
- → **벌레라면 우리가 이렇듯 엄청나게** 두려워하거나 꺼릴 줄은 몰랐다

공급받는

- **공급(供給):** 요구나 필요에 따라 물품 따위를 제공함
- **제공하다(提供-):** 무엇을 내주거나 갖다 바치다
- **받다:** 1. 다른 사람이 주거나 보내오는 물건 따위를 가지다

'공급한다'고 하면 '준다'는 뜻이고 '공급받는다'고 하면 '받는다'는 뜻입니다. '공급'이라는 한자말은 '제공'을 가리키고, '제공'은 '내주다·바치다'를 가리키니, 이는 '주다'를 뜻합니다. 이리하여 '공급받는다'라 하면 '주기 + 받다'이니 '주고받다'인 셈이지만, 막상 뜻은 '받기'만 하는 일을 가리킵니다. 얄궂습니다. '공급받다'가 아닌 '받다'라고만 해야 알맞습니다. 줄 적에도 '주다'라고만 하면 됩니다. 구태여 '공급하다'라 안 해도 됩니다.

- 햇살과 바람을 무상으로 **공급받는** 나는
→ 햇살과 바람을 거저로 **받는** 나는
→ 햇살과 바람을 그냥 **받는** 나는

공포를 가질 수도 있다

- **–상(上):** 3. 물체의 위나 위쪽을 이르는 말
- **공포(恐怖):** 두렵고 무서움
- **두렵다:** 어떤 대상을 무서워하여 마음이 불안하다
- **무섭다:** 어떤 대상에 대하여 꺼려지거나 무슨 일이 일어날까 겁나는 데가 있다
- **겁나다(怯–):** 무섭거나 두려운 마음이 생기다

한자말 '공포'는 "두렵고 무서움"을 뜻한다지만, 사전 뜻풀이를 살피면 '두렵다'하고 '무섭다'는 돌림풀이로 나옵니다. 더구나 사이에 '겁나다'라는 외마디 한자말이 끼어드는데, '겁나다'는 '무섭거나 두렵다'를 가리킨다고 합니다. 한자말 '공포'를 쓰든 한국말 '두려움·무서움'을 쓰든, 이 낱말하고 '가지다'가 어울려 '공포를 가지다'나 '두려움을 가지다'처럼 쓸수는 없습니다. 한국 말씨가 아니기 때문입니다. '두렵'거나 '무섭'지요. '두려워하'거나 '무서워하'고요.

- 영어가 지구상의 모든 말을 밀어낼지도 모른다는 **공포를 가질 수도 있다**
- → 영어가 지구에서 모든 말을 밀어낼지도 모른다며 **두려울 수 있다**
- → 영어가 온누리 모든 말을 밀어낼지도 몰라 **두려울 수 있다**
- → 영어가 온누리 모든 말을 밀어낼지도 몰라 **두려워할 수 있다**

–과의 일전을 불사해야

- **자기(自己):** 1. 그 사람 자신 2. [철학] = 자아(自我) 3. 앞에서 이미 말하였거나 나온 바 있는 사람을 도로 가리키는 삼인칭 대명사
- **일전(一戰):** 한바탕 싸움
- **불사하다(不辭-):** 사양하지 아니하다. 또는 마다하지 아니하다. '각오하다', '마다하지 않다'로 순화

'일전을 불사하다'는 '한바탕 싸움을 마다하지 않다'를 뜻합니다. 어렵게 쓰지 말고 '한바탕 싸워야'나 '한판 붙어야'로 적으면 됩니다. 보기글에서는 "일전을 불사해야" 앞에 '–과의' 같은 토씨가 나타납니다. 여러모로 일본 말씨에 일본 한자말이 얽힌 글월입니다. 하나하나 손질해 줍니다. '자기'는 '나'를 가리키는데, 이 글에서는 '저'로 손볼 만합니다.

- 자기보다 큰 수컷**과의 일전을 불사해야** 하는데
- → 저보다 큰 수컷**하고 한판 붙어야** 하는데
- → 저보다 큰 수컷**과 한바탕 싸워야** 하는데

교육정상화 방안을 모색하는 토론

- **정상화(正常化):** 정상적인 상태가 됨. 또는 그렇게 만듦
- **정상적(正常的):** 상태가 특별한 변동이나 탈이 없이 제대로인
- **방안(方案):** 일을 처리하거나 해결하여 나갈 방법이나 계획
- **모색(摸索):** 일이나 사건 따위를 해결할 수 있는 방법이나 실마리를 더듬어 찾음
- **토론(討論):** 어떤 문제에 대하여 여러 사람이 각각 의견을 말하며 논의함
- **논의(論議):** 어떤 문제에 대하여 서로 의견을 내어 토의함
- **토의(討議):** 어떤 문제에 대하여 검토하고 협의함
- **협의(協議):** 여러 사람이 모여 서로 의논함
- **의논(議論):** 어떤 일에 대하여 서로 의견을 주고받음
- **의견(意見):** 어떤 대상에 대하여 가지는 생각

"교육정상화 방안을 모색하는" 같은 일본 말씨는 '교육을 바로세우는 길을 찾는'이나 '교육을 참답게 하는 길을 찾는'으로 손봅니다. '바로서는 배움길'이나 '참배움 길찾기'로 손볼 수도 있습니다. '토론을 가진 끝에'에서 '가지다'는 번역 말씨이니 '토론을 한 끝에'로 손질합니다. '토론'은 '논의·토의·협의·의논·의견'으로 돌고 도는데 '의견 = 생각'이라지요. '생각 주고받기'나 '이야기 나누기'라 하면 됩니다.

- ● 이 대회에서 학생들은 **교육정상화 방안을 모색하는 토론**을 가진 끝에
- → 이 자리에서 학생들은 **교육 바로세우기를 생각하는 한마당**을 연 끝에
- → 이 자리에서 학생들은 **바로서는 배움길 찾기 이야기마당**을 연 끝에
- → 이 자리에서 학생들은 **바른배움 길찾기 이야기마당**을 벌인 끝에
- → 이 자리에서 학생들은 **참배움 길찾기 이야기마당**을 마련한 끝에

구체적인 실행 방법·주저하게 만들었다

- **구체적(具體的):** 1. 사물이 직접 경험하거나 지각할 수 있도록 일정한 형태와 성질을 갖추고 있는 2. 실제적이고 세밀한 부분까지 담고 있는
- **실행(實行):** 1. 실제로 행함
- **행하다(行-):** 어떤 일을 실제로 해 나가다
- **실제로(實際-):** 거짓이나 상상이 아니고 현실적으로
- **현실적(現實的):** 1. 현재 실제로 존재하거나 실현될 수 있는 2. 실제로 얻을 수 있는 이익 따위를 우선시하는
- **주저하다(躊躇-):** 머뭇거리며 망설이다 ≒ 자저하다·지주하다

'구체적 · 실행 · 행하다'는 서로 '실제적 · 실제로'라는 한자말로 맞물립니다. '실제로'를 찾아보면 더 어지럽습니다. 뜻을 차근차근 짚으면 '구체적 실행 방법'이란 '어떻게 할는지 하나하나'라 할 만합니다. '주저하다'는 '머뭇거리다'나 '망설이다'로 고쳐씁니다. '-하게 만들다'는 번역 말씨입니다.

- **구체적인 실행 방법**을 떠올리다 문득 든 생각 하나가 나를 **주저하게 만들었다**
- → **어떻게 할는지 가만히** 떠올리다 문득 든 생각 하나 때문에 **망설였다**
- → **어떻게 할까 하나하나** 떠올리다 문득 든 생각 하나 때문에 **주춤했다**
- → **어떻게 하나 곰곰이** 떠올리다 문득 든 생각 하나 때문에 **멈칫했다**

귀추가 주목된다

- **귀추(歸趨):** 일이 되어 가는 형편
- **주목(注目):** 1. 관심을 가지고 주의 깊게 살핌. 또는 그 시선 2. 조심하고 경계하는 눈으로 살핌. 또는 그 시선

"귀추가 주목된다"는 '일이 되어 가는 흐름을 깊게 살필 만하다'를 뜻한다고 할 수 있습니다. 말뜻을 가만히 살피면 '흐름(←귀추)'을 '볼 만하다(←주목된다)'는 얼개입니다. 이는 '흐름을 볼 만하다', '눈여겨볼 만하다'나 '지켜볼 만하다'인 셈입니다. 앞으로 어떻게 되는지 눈여겨볼 만하다고 할 적에는 '앞으로 궁금하다'이기도 합니다.

- 톨스토이 학교가 100여 개나 생겼다고 하니 **귀추가 주목된다**
- → 톨스토이 학교가 100군데 남짓 생겼다고 하니 **눈길이 간다**
- → 톨스토이 학교가 100군데 남짓 생겼다고 하니 **눈길이 끌린다**
- → 톨스토이 학교가 100군데 남짓 생겼다고 하니 **눈길이 쏠린다**
- → 톨스토이 학교가 100군데 남짓 생겼다고 하니 **무척 궁금하다**

- 어떤 사건으로 발전하게 될지 그 **귀추가** 자못 **주목된다**
- → 어떤 일로 커질는지 자못 **눈여겨볼 만하다**
- → 어떤 일로 불거질는지 자못 **지켜볼 만하다**
- → 어떤 일로 불거질는지 자못 **궁금하다**

그 궁극적 존재 이유였으나

- **그:** [매김씨] 2. 앞에서 이미 이야기한 대상을 가리킬 때 쓰는 말
- **궁극적(窮極的):** 더할 나위 없는 지경에 도달하는
- **존재(存在):** 1. 현실에 실제로 있음. 또는 그런 대상
- **이유(理由):** 1. 어떠한 결론이나 결과에 이른 까닭이나 근거

'그'라는 매김씨가 있지만 영어를 한국말로 옮기며 그만 마구 퍼집니다. 한국 말씨로는 앞말을 받을 적에 앞말을 고스란히 다시 적거나 앞말이나 매김씨 없이 씁니다. 보기글에서는 '꼭 있어야 했다'를 "궁극적 존재 이유"라는 한자말로 바꾸어 놓으면서 '그'를 달아 놓습니다. '그'를 '그처럼'으로 손보거나 털고서 일본 번역 말씨를 가다듬습니다.

- 과거에는 책이 **그 궁극적 존재 이유였으나** 상황이 바뀌면서 교육기관이 급격히 늘어났다
→ 예전에는 책이 **그처럼 꼭 있어야 했으나** 흐름이 바뀌면서 배움터가 잔뜩 늘어났다
→ 예전에는 배우려면 책을 **꼭 두어야 했으나** 흐름이 바뀌면서 배움터가 부쩍 늘어났다

그 이상도 이하도

- jewelry: 1. 보석류
- **이상(以上):** 1. 수량이나 정도가 일정한 기준보다 더 많거나 나음
- **이하(以下):** 1. 수량이나 정도가 일정한 기준보다 더 적거나 모자람

그보다 위가 아니요 그보다 밑도 아니라면 '더도 덜도 아닌' 셈입니다. '아무것도 아닌' 셈이지요. 이때에는 '그뿐이다'처럼 단출하게 말할 만합니다. '다른 뜻은 없다'나 '다른 일은 없다'나 '다른 생각은 없다'라 해도 어울립니다.

- ● 듀가리의 주얼리를 사게 하려는 것뿐이야. **그 이상도 그 이하도** 아니야
- → 듀가리 보석을 사라 했을 뿐이야. **더도 덜도** 아니야
- → 듀가리 보석을 사라 할 뿐이야. **아무것도** 아니야
- → 듀가리 보석을 사라 할 뿐이야. **그뿐**이야

기분을 업시켰다

- **기분(氣分):** 1. 대상·환경 따위에 따라 마음에 절로 생기며 한동안 지속되는, 유쾌함이
  나 불쾌함 따위의 감정 ≒ 기의(氣意) 2. 주위를 둘러싸고 있는 상황이나 분위기
- **up:** [그림씨] 1. 위로 향한(가는) 2. 명랑한, 기분 좋은, 신이 난 3. (컴퓨터 시스템이) 작
  동하는
- **−시키다:** '사동'의 뜻을 더하고 동사를 만드는 접미사

영어 '업(up)'은 어찌씨나 앞토씨나 그림씨나 움직씨로 씁니
다. 적어도 이름씨 꼴로 쓰지는 않기에 '업 + 시키다'는 올바
른 말씨가 될 수 없습니다. 영어 '다운(down)'도 이와 같습니
다. '업시키다·다운시키다'는 그야말로 어정쩡한 번역 말씨
입니다. 이른바 한국영어(콩글리시)이기도 합니다. 한국말로
는 '올리다·내리다'나 '끌어올리다·떨어뜨리다'를 쓰면 됩
니다. "기분을 업시켰다" 같은 자리에서는 '즐거운 마음이 됐
다'나 '좋은 마음이 됐다'로 손볼 만하겠지요. 수수하게 '즐거
웠다'나 '좋았다'라고만 해도 됩니다.

- 역시나 쓰긴 했지만 혀끝에 느껴지는 달콤함이 **기분을 업시켰다**
→ 생각대로 쓰긴 했지만 혀끝으로 느끼는 달콤함이 **즐거웠다**
→ 참말 쓰긴 했지만 혀끝으로 달콤함을 느끼며 **즐거운 마음이 됐다**

긴 걸음이 시작됐다

- **전부(全部):** 어떤 대상을 이루는 낱낱을 모두 합친 것
- **대화(對話):** 마주 대하여 이야기를 주고받음. 또는 그 이야기
- **길다:** 2. 이어지는 시간상의 한 때에서 다른 때까지의 동안이 오래다
- **걸음:** 1. 두 발을 번갈아 옮겨 놓는 동작

'길다'는 '긴 나날'이나 '긴 하루'처럼 쓰지만, '긴 걸음'처럼 안
씁니다. 걸음을 놓고서 '길다 · 짧다'로 말한다면, 걷는 너비
가 길거나 짧다고 할 테지요. 오랫동안 걸을 적에는 '오래'나
'오랫동안'이라는 낱말을 넣어야 알맞습니다. '한참 걸었다'나
'오래오래 걸었다'나 '자꾸자꾸 걸었다'나 '끝도 없이 걸었다'
처럼 써 볼 수 있습니다.

- 우리의 대화는 이게 전부였다. 짧은 대화를 나누고 나면 **긴 걸음이 시작됐다**
- → 우리 얘기는 이게 다였다. 짧게 얘기를 하고 나면 **오래 걸어야 했다**
- → 우리 이야기는 여기까지였다. 짧게 얘기를 하고 나면 **한참 걷는다**
- → 우리는 이렇게만 얘기했다. 짧게 얘기를 하고 나면 **오래오래 걸었다**
- → 우리는 딱 이만큼 얘기했다. 짧게 얘기를 하고 나면 **끝도 없이 걸었다**

깊은 오해와 편견을 가지며

- **한편(一便):** 1. 같은 편 2. = 한쪽 3. 어떤 일의 한 측면 ≒ 일변(一邊)·일편(一便)
- **오해(誤解):** 그릇되게 해석하거나 뜻을 잘못 앎. 또는 그런 해석이나 이해
- **편견(偏見):** 공정하지 못하고 한쪽으로 치우친 생각. ≒ 일편지견

한쪽에서는 반기지만 다른 한쪽에서는 꺼릴 수 있습니다. 이 때에는 좋아하는데, 이러면서도 싫어할 수 있습니다. '한편'은 '한쪽'이나 '이러면서도'로 손봅니다. '깊은 (무엇)을 가지며'는 번역 말씨입니다. 그런데 오해와 편견을 '깊이' 가진다고 하는 대목은 더 아리송합니다. '너무 잘못 알며'나 '매우 잘못 알며'로 손봅니다. "꺼린다는 것도"는 '꺼리는 줄도'로 손질합니다.

- 한편으로는 사람들이 거미에 대해 **깊은 오해와 편견을 가지며** 꺼린다는 것도 알았습니다

→ 한쪽으로는 사람들이 거미를 **너무 잘못 알며** 그저 꺼리는 줄도 알았습니다

→ 이러면서도 사람들이 거미를 **매우 잘못 알며** 마냥 꺼리는 줄도 알았습니다

내 집

- **내:** '나'에 주격 조사 '가'나 보격 조사 '가' 가 붙을 때의 형태
- **my:** 나의, 내
- **미안하다(未安-):** 1. 남에게 대하여 마음이 편치 못하고 부끄럽다
- **연습(練習/鍊習):** 학문이나 기예 따위를 익숙하도록 되풀이하여 익힘 ≒ 습련(習練)

'my'를 "나의"로만 풀이하거나, "내"로 풀이하더라도 "나의"를 덧다는 영어사전이 있습니다. 한국말은 '내' 하나입니다. 영어나 일본말을 엉성하게 옮긴 '나의 집'은 '우리 집'으로 손볼 노릇입니다. 외국말에서는 '내' 꼴로 쓸는지 모르나 한국말씨는 '우리' 꼴입니다. 집이 아닌 책이나 자전거라면 '내책'이나 '내 자전거'가 맞는데, 보기글은 벼룩하고 함께 사는 집을 가리키기에 '우리 집'이라 해야 올바릅니다. 다만, 집을 물건처럼 가졌다는 뜻이라면 '여기는 내 집이야. 너희는 나가렴'이라 할 수 있는데, 이때에도 '여기는 우리 집이야. 너희는 나가렴'이라 할 적에 매끄럽습니다.

- **내 집**이 너무 작아서 미안하네, 벼룩씨. 하지만 뛰는 연습이라도 하게
- → **우리 집**이 너무 작아서 부끄럽네, 벼룩씨. 그러나 뛰어 보기라도 하게
- → **집**이 너무 작아서 부끄럽네, 벼룩씨. 그렇지만 뛰어놀기라도 하게

너의 슬픔·나의 불안

- **대하다(對-):** 3. ('대한', '대하여' 꼴로 쓰여) 대상이나 상대로 삼다
- **안부(安否):** 어떤 사람이 편안하게 잘 지내고 있는지 그렇지 아니한지에 대한 소식. 또는 인사로 그것을 전하거나 묻는 일 ≒ 평부
- **불안(不安):** 1. 마음이 편하지 아니하고 조마조마함 2. 분위기 따위가 술렁거리어 뒤숭숭함
- **침묵(沈默):** 1. 아무 말도 없이 잠잠히 있음

번역 말씨인 '너의·나의'입니다. 한국 말씨는 '네·내'입니다. "–에 대해"도 번역 말씨입니다. '네 슬픔'이나 '내 두려움'을, 또는 '네가 슬픈지'나 '나는 두렵다고'로 가다듬어 줍니다.

- **너의 슬픔**에 대해 안부를 묻지 않기로 한다. **나의 불안**에 대해 침묵하기로 한다

→ **네 슬픔**이 어떠한지를 묻지 않기로 한다. **내 두려움**을 말하지 않기로 한다

→ **네 슬픔**이 견딜 만한지를 묻지 않기로 한다. **내 두려움**을 숨기기로 한다

→ **네가 슬픈지**를 안 묻기로 한다. **나는 두렵다**고 안 밝히기로 한다

→ **네가 얼마나 슬픈지**를 안 묻기로 한다. **나는 두렵지만** 입 다물기로 한다

노력이라는 특징이 있다

- **과거(過去):** 1. 이미 지나간 때 2. 지나간 일이나 생활
- **유산(遺産):** 1. 죽은 사람이 남겨 놓은 재산 2. 앞 세대가 물려준 사물 또는 문화
- **노력(努力):** 목적을 이루기 위하여 몸과 마음을 다하여 애를 씀
- **특징(特徵):** 1. 다른 것에 비하여 특별히 눈에 뜨이는 점

"과거의 유산"은 겹말입니다. '과거'도 '유산'도 지나간(예전) 것을 나타냅니다. 이 글월은 '옛살림'이나 '옛자취'로 손볼 만합니다. "−이라는 특징이 있다"는 번역 말씨입니다. 한국 말씨는 '−이라는 특징이다'라고 끊습니다. 보기글에서는 앞말 '노력'을 엮어서 '애썼다'나 '힘썼다'로 단출하게 손질합니다.

- 경전과 관련된 기독교 과거의 유산을 모으고 조직하고 조화시키려는 **노력이라는 특징이 있다**
→ 경전과 얽힌 기독교 옛살림을 모으고 엮고 어우르려고 **애썼다**
→ 경전과 얽혀 기독교 옛자취를 모으고 엮고 어우르고자 **힘썼다**

농땡이를 피우면

- **농땡이:** 일을 하지 않으려고 꾀를 부리며 게으름을 피우는 짓. 또는 그런 사람을 속되게 이르는 말
- **땡땡이 ㄱ:** 해야 할 일을 하지 않고 눈을 피하여 게으름을 피우는 짓. 또는 그런 사람을 속되게 이르는 말
- **땡땡이 ㄴ:** 1. 흔들면 땡땡하는 소리가 나게 만든 아이들의 장난감 2. '종(鐘)'을 속되게 이르는 말 3. '전차(電車)'를 속되게 이르는 말
- **でんでん:** 1. (장난감) でんでん太鼓(たいこ). 2. [속어] (종) 鐘(かね).
- **サボる:** 1. [속어] 사보타주하다; 게으름 피우다 2. (일·학업을) 태만히 하다. 게으름 피우다. サボタージュ를 동사화한 말 3. (수업을)땡땡이치다
- **油を賣る(あぶらをうる):** 기름을 팔다

'농땡이·땡땡이'는 '고구마'처럼 우리 삶에 녹아든 일본말로 여겨서 재미나게 받아들 수 있습니다. 다만, '농땡이'는 '기름을 붓는 일을 하다가 노닥거리기만 한다'는 뜻인 일본말에서, '땡땡이'는 '땡땡' 소리가 나는 일본 장난감이나 종소리에서 비롯한 줄 안다면 '노닥거리다·노닥질(← 농땡이)'이나 '빼먹다·내뺌질(← 땡땡이)'로 손질할 만합니다.

- 머리숱 좀 덥수룩하다고 **농땡이를 피우면** 쓰나
→ 머리숱 좀 덥수룩하다고 **노닥거리면** 쓰나
→ 머리숱 좀 덥수룩하다고 **놀기만 하면** 쓰나
→ 머리숱 좀 덥수룩하다고 **그저 놀면** 쓰나
→ 머리숱 좀 덥수룩하다고 **노닥질이면** 쓰나

농민의 입장은 전혀 고려하지 않은 것이다

- **입장(立場):** 당면하고 있는 상황. '처지(處地)'로 순화
- **처지(處地):** 처하여 있는 사정이나 형편
- **처하다(處-):** 1. 어떤 형편이나 처지에 놓이다 2. 어떤 책벌이나 형벌에 놓이게 하다
- **전혀(全-):** '도무지', '아주', '완전히'의 뜻을 나타낸다
- **고려하다(考慮-):** 생각하고 헤아려 보다

일본 한자말 '입장'은 '처지 → 처하다 → 처지에 놓이다' 같은 돌림풀이에 빠집니다. '입장' 앞에 '-의'를 붙인 '-의 입장'은 고스란히 일본 말씨입니다. '생각하다'나 '헤아리다'라는 한국 말이 있으니 굳이 '고려하다' 같은 한자말을 안 써도 됩니다. 이밖에 '전혀'나 '것'도 손볼 만합니다.

- 이는 농업의 입장만 고려했을 뿐 **농민의 입장은 전혀 고려하지 않은 것이다**
- → 이는 농업만 헤아렸을 뿐 **농민은 도무지 헤아리지 않았다**
- → 이는 농업만 헤아리고 **농민은 조금도 헤아리지 않은 셈이다**
- → 이는 농업만 헤아리고 **농민은 나 몰라라 한 꼴이다**

높은 조망 위치에서 보면

- **관점(觀點)**: 1. 사물이나 현상을 관찰할 때, 그 사람이 보고 생각하는 태도나 방향 또는 처지
- **일련(一連)**: (주로 '일련의' 꼴로 쓰여) 하나로 이어지는 것
- **맥락(脈絡)**: 1. [의학] 혈관이 서로 연락되어 있는 계통 2. 사물 따위가 서로 이어져 있는 관계나 연관 ≒ 맥(脈)
- **조망(眺望)**: 먼 곳을 바라봄. 또는 그런 경치 ≒ 조람(眺覽)·조촉(眺矚)
- **위치(位置)**: 1. 일정한 곳에 자리를 차지함. 또는 그 자리 2. 사회적으로 담당하고 있는 지위나 역할

'관점'은 '보는 눈'을 가리키는 한자말이니 "관점에서 보면"은 겹말입니다. "이어진 일련의"도 "조망 위치에서 보면"도 겹말입니다. "미국적인 맥락을 지니고 있었다"는 '-적'을 곁들인 번역 말씨이기에 '미국다운 흐름이었다'나 '미국다웠다'나 '미국스러웠다'로 손볼 만하고, "높은 조망 위치에서 보면"은 '멀리 보면'이나 '넓게 보면'으로 손봅니다.

- 미국의 관점에서 보면, 독립선언으로 이어진 일련의 사건은 매우 미국적인 맥락을 지니고 있었다. 더 **높은 조망 위치에서 보면** 그 원인은

→ 미국으로서는, 독립선언으로 이어진 여러 일은 매우 미국다운 흐름이었다. 더 **넓게 보면** 이는

→ 미국으로 보면, 독립선언으로 이어진 여러 가지는 매우 미국스러웠다. 더 **멀리 보면** 이는

대변을 해결한

- **대변(大便):** '똥'을 점잖게 이르는 말
- **해결하다(解決-):** 제기된 문제를 해명하거나 얽힌 일을 잘 처리하다
- **똥:** 1. 사람이나 동물이 먹은 음식물을 소화하여 항문으로 내보내는 찌꺼기 ≒ 분(糞)·분변(糞便)
- **뒤:** 9. 사람의 똥을 완곡하게 이르는 말
- **볼일:** 2. '용변(用便)'을 완곡하게 이르는 말
- **용변(用便):** 대변이나 소변을 봄. 또는 그 대소변

사전을 보면 '대변'을 두고 "'똥'을 점잖게 이르는 말"로 풀이합니다만, 이 말풀이는 올바르지 않습니다. '똥'은 한국말일 뿐이고, '대변'은 한자말일 뿐입니다. 다만 '똥'을 점잖게 이르는 말로 '뒤'하고 '볼일'이 있습니다. 한자말을 써야 점잖을까요? '똥누기'라 하거나 '뒤보기·볼일보기'라 하면 됩니다.

- ● 어젯밤 야산에서 **대변을 해결한** 것도 후회되었다
- → 어젯밤 야산에서 **똥을 눈** 일도 뉘우쳤다
- → 어젯밤 뒷산에서 **눈 똥**도 뉘우쳤다
- → 어젯밤 텃산에서 **볼일을 봤는데** 뉘우쳤다
- → 어젯밤 텃산에서 **뒤를 봤는데** 뉘우쳤다

대지를 일군 노동의 근육

- **대지(大地):** 1. 대자연의 넓고 큰 땅
- **노동(勞動):** 1. [경제] 사람이 생활에 필요한 물자를 얻기 위하여 육체적 노력이나 정신적 노력을 들이는 행위 2. 몸을 움직여 일을 함
- **근육(筋肉):** [의학] 힘줄과 살을 통틀어 이르는 말

시골에서 일하는 사람은 '논밭을 부친다'나 '땅을 일군다' 같은 말을 씁니다. '대지'를 일군다고는 하지 않습니다. 일본 말씨 '-의'를 붙인 "노동의 근육과 언어"는 적어도 '노동하는 몸과 말'로 손볼 만하고, '일하는 몸과 말'로 손보면 한결 낫습니다.

- 두 발을 땅에 붙이고 **대지를 일군 노동의 근육**과 언어는 사라졌다
→ 두 발을 땅에 붙이고 이 **땅을 일군 일하는 힘살**과 말은 사라졌다
→ 두 발을 땅에 붙이고 이 **땅을 일군 몸**과 말은 사라졌다

도덕적 의무로서의 웰니스

- **도덕적(道德的)**: 1. 도덕에 관한 2. 도덕의 규범에 맞는
- **도덕(道德)**: 1. 사회의 구성원들이 양심, 사회적 여론, 관습 따위에 비추어 스스로 마땅히 지켜야 할 행동 준칙이나 규범의 총체
- **의무(義務)**: 1. 사람으로서 마땅히 하여야 할 일
- **wellness**: 건강(함)
- **초점(焦點)**: 1. 사람들의 관심이나 주의가 집중되는 사물의 중심 부분

'도덕'은 '마땅히 지킬' 일을, '의무'는 '마땅히 할' 일을 가리킵니다. "도덕적 의무"란 '마땅히 지킬'로 손봅니다. 외국말 "웰니스"는 '웰빙'하고 맞물려 '잘살기'로 손볼 만합니다. "초점을 맞추고 있다"는 '눈길을 맞춘다'나 '다룬다 · 짚는다 · 밝힌다 · 말한다'쯤으로 손봅니다.

- ● 이 책은 **도덕적 의무로서의 웰니스**에 초점을 맞추고 있다
- → 이 책은 **마땅히 지킬 길로서 잘살기**에 눈길을 맞춘다
- → 이 책은 **바르게 지켜 나갈 잘살기**를 이야기한다
- → 이 책은 **마땅히 지킬 잘살기**를 다룬다
- → 이 책은 **올바로 지킬 잘살기**를 밝힌다

도움이 된다

- **기능(技能):** 육체적, 정신적 작업을 정확하고 손쉽게 해 주는 기술상의 재능
- **이용하다(利用-):** 1. 대상을 필요에 따라 이롭게 쓰다
- **-ㅁ:** ('이다'의 어간, 받침 없는 용언의 어간, 'ㄹ' 받침인 용언의 어간 또는 어미 '-으시-' 뒤에 붙어) 그 말이 명사 구실을 하게 하는 어미
- **도움:** 남을 돕는 일 ≒ 우조(佑助)

'돕다'에 '-ㅁ'을 붙여 '도움'처럼 새말을 알맞게 지어서 씁니다. '도움'을 바탕으로 '도움주기 · 도움받기'도 씁니다. 그러나 '도움을 줄까?'처럼 쓰면 좀 어정쩡합니다. '도와줄까?'나 '도울까?'처럼 써야 매끄럽습니다. "(이러한) 기능을 이용하면 도움이 된다"도 어정쩡합니다. '(이것)을 쓰면 좋다'나 '(이것)을 쓰면 된다'나 '(이것)을 써 보자'로 손질해 줍니다.

- ● 한글 프로그램의 '도구→맞춤법' 그리고 '편집→찾아 바꾸기' 기능을 이용하면 **도움이 된다**
- → 한글 풀그림에서 '도구→맞춤법'하고 '편집→찾아 바꾸기'를 **쓰면 좋다**
- → 한글 풀그림에서 '도구→맞춤법'이랑 '편집→찾아 바꾸기'를 **쓰면 된다**

돌 위에 앉아 졸고 있다

- **위:** 3. 어떤 사물의 거죽이나 바닥의 표면
- **있다:** [도움움직씨] 1. 앞말이 뜻하는 행동이나 변화가 끝난 상태가 지속됨을 나타내는 말
  2. 앞말이 뜻하는 행동이 계속 진행되고 있거나 그 행동의 결과가 지속됨을 나타내는 말

우리는 '위'에 못 앉습니다. '위에 앉다'는 영어 'on'을 어설피 옮긴 말씨입니다. 일본사람은 이 말씨를 '上'이란 한자로 옮겼고, 한국사람은 일본 말씨에까지 물들어 '위'를 쓰는데요, '위'에서는 날아다녀야지요. '졸고 있다'도 번역 말씨이기에 '존다'로 고칠 노릇인데 '꾸벅꾸벅 존다'처럼 꾸밈말을 넣어도 어울립니다. '돌에 앉아'도 '돌에 얌전히 앉아'처럼 꾸밈말을 넣을 수 있습니다. 군더더기를 잘못 붙이지 말고, 꾸밈말을 알맞게 넣으면 됩니다.

- 나비 한 마리 **돌 위에 앉아** 졸고 있다
- → 나비 한 마리 **돌에 앉아** 존다
- → 나비 한 마리 **돌에 얌전히 앉아** 존다
- → 나비 한 마리 **돌에 앉아** 꾸벅꾸벅 존다
- → 나비 한 마리 **돌에 앉아** 가만히 존다

동기부여를 받을 수 있는

- **혹은(或-):** 1. 그렇지 아니하면. 또는 그것이 아니라면 2. 더러는
- **부여(附與):** 사람에게 권리·명예·임무 따위를 지니도록 해 주거나, 사물이나 일에 가치·의의 따위를 붙여 줌
- **동기부여(動機附與):** 1. [교육] 학습자의 학습 의욕을 불러일으키는 일

'동기부여'라고 할 적에 '부여'라는 한자말은 '주다'를 가리킵니다. 그런데 흔히 '동기부여를 받다' 꼴로 쓰니 얄궂습니다. '부여 = 주다'인데 '동기를 주다(동기부여)를 받다'라는 얼거리가 됩니다. '동기부여'라는 낱말을 쓰고 싶다면 '동기부여가 되다'로 손봅니다. '동기'라는 낱말을 쓰고 싶으면 '동기를 일깨워 주다'로 손보고요. '동기부여·동기'를 굳이 안 쓰고 싶다면 '도움을 받다'나 '기운을 얻다'나 '북돋우다' 같은 말마디를 쓸 수 있습니다. "혹은"은 말뜻대로 '또는'이나 '더러는'이나 '-나/-이나'로 손봅니다.

- 글쓰기를 할 때 혹은 책을 쓸 때 언제든지 **동기부여를 받을 수 있는** 글들이다
- → 글쓰기를 할 때나 책을 쓸 때 언제든지 **도움을 받을 수 있는** 글이다
- → 글쓰기를 할 때나 책을 쓸 때 언제든지 **기운을 얻을 수 있는** 글이다
- → 글쓰기를 할 때나 책을 쓸 때 언제든지 **고맙게 북돋아 주는** 글이다

두 언어가 지닌 차이

- **언어(言語):** 생각, 느낌 따위를 나타내거나 전달하는 데에 쓰는 음성, 문자 따위의 수단. 또는 그 음성이나 문자 따위의 사회 관습적인 체계
- **지니다:** 3. 바탕으로 갖추고 있다 4. 본래의 모양을 그대로 간직하다 5. 어떠한 일 따위를 맡아 가지다
- **차이(差異):** 서로 같지 아니하고 다름. 또는 그런 정도나 상태
- **아래:** 4. 글 따위에서, 뒤에 오는 내용

사전에 실린 '지니다' 셋째 · 넷째 · 다섯째 뜻은 번역 말씨입니다. '이다'나 '있다'나 '-로/-으로'로 써야 할 자리에 '지니다'를 넣을 수 없습니다. "아래와 같다"는 일본 말씨입니다. '다음과 같다'나 '이와 같다'로 손볼 노릇인데, 보기글은 '두 말은 이렇게 다르다'나 '두 말은 이처럼 다르다'로 통째로 손질해 줍니다.

- **두 언어가 지닌 차이**는 아래와 같다
- → **두 말이 다른 대목**은 이와 같다
- → **두 말은** 다음처럼 **다르다**
- → **두 말은** 이렇게 **다르다**

뜨거운 무언가(無言歌)

- **무언가(無言歌)**: [음악] 독일의 작곡가 멘델스존의 피아노 소곡집. 8집으로 되어 있으며, 특히 〈사냥의 노래〉, 〈베네치아의 뱃노래〉 따위가 유명하다

시를 쓴 분이 싯말에 적은 "無言歌"는 독일 사람이 지은 노래에 붙은 이름일까요? 아니면 '무언가'라는 한국말을 놀이하듯이 꾸미면서 붙인 한자일까요? 말이 없는 노래라면 '말없는 노래'라고 하면 됩니다. '말 없는 무언가'라 할 수 있고, '고요노래(고요하다 + 노래)'나 '괴괴노래(괴괴하다 + 노래)'처럼 새말을 지을 수 있습니다.

- 나의 차가운 혀도 **뜨거운 무언가(無言歌)**를 삼키리라
- → 내 차가운 혀도 **뜨거이 말 없는 노래**를 삼키리라
- → 내 차가운 혀도 **뜨거이 고요노래**를 삼키리라
- → 혀도 **뜨겁게 괴괴노래**를 삼키리라

뜨거워짐을 느꼈습니다

- **순간(瞬間):** 1. 아주 짧은 동안 ≒ 순각(瞬刻) 2. 어떤 일이 일어난 바로 그때. 또는 두 사건이나 행동이 거의 동시에 이루어지는 바로 그때
- **심장박동(心臟搏動):** [의학] 심장이 주기적으로 오므라졌다 부풀었다 하는 운동
- **-ㅁ:** ('이다'의 어간, 받침 없는 용언의 어간, 'ㄹ' 받침인 용언의 어간 또는 어미 '-으시-' 뒤에 붙어) 그 말이 명사 구실을 하게 하는 어미
- **느끼다:** 1. 감각 기관을 통하여 어떤 자극을 깨닫다 2. 마음속으로 어떤 감정 따위를 체험하고 맛보다 3. 어떤 사실, 책임, 필요성 따위를 체험하여 깨닫다

'-ㅁ을 느꼈습니다'는 번역 말씨입니다. 한국 말씨는 '-진다고 느꼈습니다'나 '-다고 느꼈습니다'입니다. 한국 말씨에서는 이야기를 맺을 적에 그림씨나 움직씨를 섣불리 이름씨 꼴로 바꾸지 않습니다. 이를테면 '즐거워짐을 느꼈습니다'나 '배고파짐을 느꼈습니다'라 하면 참으로 어설픕니다. '즐겁다'나 '배고프다'라고만 끊어야 알맞습니다. 보기글은 '뜨거워진다고 느꼈습니다'로 손질할 만한데, '뜨거웠습니다'나 '뜨뜻했습니다'로 더 손질할 수 있습니다.

- 순간 심장박동이 빨라지더니 눈두덩이 **뜨거워짐을 느꼈습니다**
- → 문득 심장이 빨리 뛰더니 눈두덩이 **뜨겁다고 느꼈습니다**
- → 갑자기 가슴이 빨리 뛰더니 눈두덩이 **뜨뜻했습니다**
- → 그때 가슴이 벌렁거리더니 눈두덩이 **뜨거웠습니다**

-라고 부르는 것이 지배한다

- **부르다**: 10. 무엇이라고 가리켜 말하거나 이름을 붙이다
- **지배하다(支配-)**: 1. 어떤 사람이나 집단, 조직, 사물 등을 자기의 의사대로 복종하게 하여 다스리다 2. 외부의 요인이 사람의 생각이나 행동에 적극적으로 영향을 미치다

사람, 노래, 값을 부릅니다. 일본 말씨 '초래(招來)하다'를 '부르다'로 옮기거나 '가리키다'나 '이름붙이다'를 '부르다'라 할 적에는 알맞지 않습니다. 보기글에서는 '오르도라 하는 것이 감돈다'나 '오르도라 하는 것에 따라 움직인다'처럼 손봅니다. "어린 시절의 탐색"하고 "어른의 읽기"는 '-의'를 살며시 털어냅니다. '지배하다' 둘째 뜻은 번역 말씨예요. 보기글에서는 '바탕에 있다'나 '바탕으로 깔린다'로 손볼 만합니다.

- 어린 시절의 탐색부터 어른의 읽기에 이르는 이 대목은 후고가 오르도 **라고 부르는 것이 지배한다**
- → 어린 날 찾아보고 어른이 되어 읽기까지 이 대목은 후고가 오르도**라고 하는 것이 바탕에 있다**
- → 어린 날 살펴보기부터 어른으로 읽기까지 이 대목은 후고가 오르도**라 이름붙인 대로 흐른다**

-로 인한 피해는 불특정다수에게 가해지는

- **인하다(因-):** 1. 어떤 사실로 말미암다 2. 당연한 결과로 어떤 일에 이어지거나 뒤를 따르다
- **사적(私的):** 개인에 관계된
- **불특정(不特定):** 특별히 정하지 아니함. '임의의'로 순화
- **다수(多數):** 수효가 많음 ≒ 과수(夥數)
- **가하다(加-):** 1. 보태거나 더해서 늘리다 2. 어떤 행위를 하거나 영향을 끼치다

"공해로 인한 피해"는 임자말이 엉성합니다. '공해는'으로 손본 뒤, '누구나(←불특정다수) 괴롭힌다(←피해·가해져)'로 손봅니다. "경우(境遇)가 많기 때문에"는 '잦으니'나 '흔하니'나 '일쑤이니'나 '-곤 하기 때문에'로, "사적으로"는 '혼자서·홀로'나 '한 사람이·몇 사람이'로 손질합니다.

- 공해로 인한 피해는 불특정다수에게 가해지는 경우가 많기 때문에 사적으로 문제를 해결하기가 매우 어렵게 된다
- → 공해는 누구한테나 피해가 되기 일쑤이기 때문에 홀로 이 일을 풀기가 매우 어렵다
- → 공해 때문에 누구나 괴로우니 혼자서 이 일을 풀기가 매우 어렵다
- → 공해 때문에 모두 괴로우니 한 사람 힘으로 풀어내기가 매우 어렵다
- → 공해는 누구나 괴롭히기에 몇 사람 힘으로 풀어내기가 매우 어렵다

망국의 비수에 침잠한 지성들·현상 용인

- **망국(亡國):** 1. 이미 망하여 없어진 나라
- **비수(悲愁):** 슬퍼하고 근심함. 또는 슬픔과 근심
- **침잠하다(沈潛-):** 마음을 가라앉혀서 깊이 생각하거나 몰입하다
- **지성(知性):** 1. 지각된 것을 정리하고 통일하여, 이것을 바탕으로 새로운 인식을 낳게 하는 정신 작용
- **서정(抒情/敍情):** 주로 예술 작품에서, 자기의 감정이나 정서를 그려 냄
- **현상(現狀):** 나타나 보이는 현재의 상태
- **용인(容認):** 용납하여 인정함
- **서정(抒情/敍情):** 주로 예술 작품에서, 자기의 감정이나 정서를 그려 냄
- **이해(理解):** 1. 사리를 분별하여 해석함 2. 깨달아 앎. 또는 잘 알아서 받아들임

"망국의 비수에 침잠한"은 '나라를 잃어 슬픔에 잠긴'이나 '나라 잃어 슬픈'으로, "현상 용인이 인식의 바탕에 자리하는"은 '있는 그대로 받아들이려는'이나 '고스란히 받아들이려는'으로, "이해 못 할 바는 아닙니다"는 '모르는 바는 아닙니다'나 '알 만합니다'로 손봅니다. 흐름을 살펴 더 단출히 손보고 '서정'은 덜어냅니다.

- **망국의 비수에 침잠한 지성들**에게 **현상 용인**이 인식의 바탕에 자리하는 일본의 자연주의가 안성맞춤의 서정이었다고 해도 이해 못 할 바는 아닙니다
→ **나라 잃어 슬픈 깨친 이들**한테 **삶을 그대로 받아들이려는** 일본 자연주의가 안성맞춤이었다고 해도 모르는 바는 아닙니다
→ **나라 잃어 슬픈 배운 이들**한테 **모두 그대로 받아들이려는** 일본 자연주의가 꼭 맞았다고 여길 수 있습니다

매년 발생하는·부족은·직후에

- **매년(每年):** = 매해
- **매해(每-):** 1. 한 해 한 해 2. 해마다
- **발생하다(發生-):** 1. 어떤 일이나 사물이 생겨나다
- **부족(不足):** 필요한 양이나 기준에 미치지 못해 충분하지 아니함
- **직후(直後):** 어떤 일이 있고 난 바로 다음

한국말은 '임자말 + 풀이말' 얼개가 아닐 적에는 어정쩡합니다. 보기글은 '농민공 부족은 + 나타난다' 얼개인 터라 어정쩡합니다. '농민공이 모자라다'처럼 '부족'이 아닌 임자말인 '농민공'에 토씨를 붙여야 알맞습니다. 첫말 '매년 발생하는' 하고 끝말 '나타난다'도 안 어울립니다. '해마다 나타난다'라고 하거나 '부족 + 나타나다'를 '모자라다'로 손보면 되기에 첫말에서 '발생하는'은 덜어냅니다.

- 매년 발생하는 농민공 **부족은** 대부분 설 **직후에** 나타난다
- → 농민공은 **해마다** 설 **뒤에** 바로 모자란다
- → **해마다** 설 **바로 뒤에** 농민공이 **모자란다**
- → **해마다** 설이 **지나면** 농민공이 바로 **모자란다**

먼지들이 부유를 시작한다

- **소켓(socket):** 1. 전구 따위를 끼워 넣어 전선과 접속하게 하는 기구 2. [운동] 골프에서, 클럽 헤드가 샤프트와 이어지는 부분. 또는 거기에 공이 맞는 일
- **부유(浮遊):** 1. 물 위나 물속, 또는 공기 중에 떠다님 2. 행선지를 정하지 아니하고 이리저리 떠돌아다님

"기억의 소켓"이란 '전구 소켓'을 빗대는 말일 테니 '전구꽂이'처럼 '기억꽂이·생각꽂이'로 손볼 만합니다. 하늘에 뜬 구름을 놓고는 '구름들이 떠다닌다'라 하지 않고 '구름이 떠다닌다'라 합니다. "먼지들"은 '먼지'로 손보는데요, 한국말로는 '새들이 많다'나 '소들이 많다'처럼 잘 안 씁니다. '새가 많다'나 '소가 많다'라 하지요. 떠다니는 먼지도 '-들'을 덜 적에 매끄럽습니다. "부유를 시작한다"는 '떠다니려 한다'나 '떠다닌다'로 손봅니다.

- 다시 기억의 소켓에서 **먼지들이 부유를 시작한다**
- → 다시 기억꽂이에서 **먼지가 떠돌려 한다**
- → 다시 생각시렁에서 **먼지가 떠돌아다닌다**
- → 다시 생각칸에서 **먼지가 떠다닌다**
- → 다시 머릿속에서 **먼지가 날아다닌다**

모국어인 한글

- **모국어(母國語):** 자기 나라의 말. 주로 외국에 나가 있는 사람이 고국의 말을 이를 때에 쓴다
- **모어(母語):** 1. 자라나면서 배운, 바탕이 되는 말 2. = 모국어
- **한글:** 우리나라 고유의 글자
- **한국말(韓國-):** = 한국어
- **한국어(韓國語):** 한국인이 사용하는 언어
- **우리말:** 우리나라 사람의 말

'한글'은 말이 아닌 글입니다. '모국어인 한글'이라 하면 틀립니다. '모국어인 한국말'로 고쳐써야지요. 이는 영어를 헤아려도 쉽게 알 만합니다. '모국어인 알파벳'이라 안 하고 '모국어인 영어'라 합니다. 미국이나 영국으로서는 '엄마말(어머니말·모국어)'은 '알파벳 아닌 영어'입니다. 한국 사람한테는 '한글 아닌 한국말'이 '엄마말'이에요.

- ● 집에서 엄마 밥을 우걱우걱 집어넣듯 **모국어인 한글**로 한바탕 내 감정을 쏟아냈다
- → 집에서 엄마 밥을 우걱우걱 집어넣듯 **엄마말인 한국말**로 한바탕 내 마음을 쏟아냈다
- → 집에서 엄마 밥을 우걱우걱 집어넣듯 **우리말**로 한바탕 내 마음을 쏟아냈다

몸을 하고 있다

- **하다:** 3. 표정이나 태도 따위를 짓거나 나타내다 5. 장신구나 옷 따위를 갖추거나 차려입다
- **불안하다(不安-):** 1. 마음이 편하지 아니하고 조마조마하다

어떤 얼굴짓으로 있거나 몸차림을 한다면 '하다'도 어울립니다. 얼굴이나 몸이 어떻게 '생겼다'고 할 적에는 '생기다'가 어울립니다. "예수 같은 얼굴과 몸을 하고 있다"는 '예수 같은 얼굴이나 몸이다'라든지 '얼굴하고 몸이 예수를 닮았다'로 손질합니다. "불안해진다"는 '두렵다 · 걱정스럽다 · 떨린다 · 무섭다 · 조마조마하다'로 손볼 만합니다.

- 후쿠야 씨는 예수 같은 얼굴과 **몸을 하고 있다.** 그래서 나는 때때로 불안해진다
- → 후쿠야 씨는 예수 같은 얼굴과 **몸이다.** 그래서 나는 때때로 두렵다
- → 후쿠야 씨는 예수처럼 생긴 얼굴과 **몸이다.** 그래서 나는 때때로 걱정스럽다
- → 후쿠야 씨는 예수를 닮은 얼굴하고 **몸이다.** 그래서 나는 때때로 떨린다
- → 후쿠야 씨는 얼굴하고 **몸이** 예수처럼 **생겼다.** 그래서 나는 때때로 무섭다
- → 후쿠야 씨는 얼굴하고 **몸이** 예수 **같다.** 그래서 나는 때때로 조마조마하다
- → 후쿠야 씨는 얼굴하고 **몸이** 예수를 **닮았다.** 그래서 나는 때때로 안달이 난다

무언의 압박을 가하기도

- **무언(無言):** 말이 없음
- **압박(壓迫):** 1. 강한 힘으로 내리누름
- **가하다(加-):** 1. 보태거나 더해서 늘리다 2. 어떤 행위를 하거나 영향을 끼치다

말없이 옆구리를 찌르는 사람이 있습니다. 참말로 옆구리를
찌르기도 하고, 마치 옆구리를 찌르는 듯하다고 느낄 수 있
습니다. 어떤 일을 안 한다면 안 되겠다는 생각이 들도록 내
리누르거나 밀어붙이거나 몰아세울 수 있을 테지요. 눈짓이
나 눈빛만으로도 얼마든지 어깨를 짓누를 수 있습니다. 이처
럼 여러 몸짓이나 모습을 헤아려 말결을 살릴 만합니다. '(무
엇)의 (무엇)을 加하다'는 일본 말씨이기도 합니다만, 너무 딱
딱하면서 재미없는 말씨라고도 할 만합니다.

- 힐끔 올려다보며 얼른 꺼내 달라고 **무언의 압박을 가하기도** 한다
- → 힐끔 올려다보며 얼른 꺼내 달라고 **말없이 내리누르기도** 한다
- → 힐끔 올려다보며 얼른 꺼내 달라고 **조용히 밀어붙이기도** 한다
- → 힐끔 올려다보며 얼른 꺼내 달라고 **넌지시 몰아세우기도** 한다
- → 힐끔 올려다보며 얼른 꺼내 달라고 **눈빛으로 짓누르기도** 한다
- → 힐끔 올려다보며 얼른 꺼내 달라고 **가만히 옆구리를 찌르기도** 한다

문제 해결에도 탁월한 역할

- **문제(問題):** 1. 해답을 요구하는 물음 2. 논쟁, 논의, 연구 따위의 대상이 되는 것 3. 해결하기 어렵거나 난처한 대상. 또는 그런 일
- **해결(解決):** 1. 제기된 문제를 해명하거나 얽힌 일을 잘 처리함
- **탁월하다(卓越-):** 남보다 두드러지게 뛰어나다 ≒ 탁락하다
- **역할(役割):** 1. 자기가 마땅히 하여야 할 맡은 바 직책이나 임무. '구실', '소임', '할 일'로 순화

일본 한자말 '역할'은 다른 한자말을 잘 끌어들입니다. "탁월한 역할을 한다"는 토씨만 한글일 뿐 일본 말씨입니다. 한국말로는 '훌륭하다'나 '뛰어나다'로 손볼 만합니다. "문제 해결에도" 같은 꾸밈말은 '일을 풀 적에도'나 '실마리를 풀 적에도'로 손볼 수 있고, 글을 통째로 '책을 읽으면 어떤 일도 잘 풀 수 있다'처럼 가다듬을 수도 있습니다.

- 책 읽기는 **문제 해결에도 탁월한 역할**을 한다
- → 책읽기는 **일을 풀 적에도 훌륭**하다
- → 책읽기는 **실마리를 풀 적에도 좋다**
- → 책읽기는 **실타래를 풀도록 잘 도와**준다
- → 책을 읽으면 **어떤 일도 잘 풀 수** 있다

믿음을 가지려 노력했습니다

- **결국(結局):** 4. 일의 마무리에 이르러서. 또는 일의 결과가 그렇게 돌아가게
- **가지다:** 9. 생각, 태도, 사상 따위를 마음에 품다
- **노력하다(努力-):** 목적을 이루기 위하여 몸과 마음을 다하여 애를 쓰다

"결국"은 '끝내'나 '마침내'나 '끝에 가면'이나 '나중에는'으로 손볼 만합니다. 사전에 실린 '가지다' 아홉째 뜻은 번역 말씨입니다. '품다'로 쓸 자리에 '가지다'를 쓰면 알맞지 않습니다. "믿음을 가지려"는 '믿으려'로 손질하면 되고, "믿음을 가지려 노력했습니다"는 '믿으려 애썼습니다'나 '믿었습니다'로 손질합니다.

- 결국 다 잘될 거라는 **믿음을 가지려 노력했습니다**
- → 끝내 다 잘되리라 **믿으려 애썼습니다**
- → 마침내 다 잘되리라 **믿으려 했습니다**
- → 끝에 가면 다 잘되리라 **믿었습니다**

바뀌는 변화

- **생성되다(生成-):** 사물이 생겨나다
- **변화(變化):** 사물의 성질, 모양, 상태 따위가 바뀌어 달라짐

'바뀌다'하고 '달라지다'는 비슷한말이면서 다른 낱말입니다. 한자말 '변화'를 "바뀌어 달라짐"으로 풀이한 사전은 엉뚱합니다. 그러나 이런 말풀이를 엿보면서 "변화"를 '바뀌다'나 '달라지다'로 고쳐쓸 수 있습니다.

- 새롭게 생성되거나 **바뀌는 변화**가 잘 일어나요
- → 새롭게 생겨나거나 잘 **바뀌곤** 해요
- → 새롭게 생기거나 잘 **바뀌어요**

박차를 가했다면

- **경쟁(競爭):** 1. 같은 목적에 대하여 이기거나 앞서려고 서로 겨룸
- **부단하다(不斷-):** 1. 꾸준하게 잇대어 끊임이 없다
- **박차(拍車):** 1. 말을 탈 때에 신는 구두의 뒤축에 달려 있는 물건. 톱니바퀴 모양으로 쇠로 만들어 말의 배를 차서 빨리 달리게 한다 2. 어떤 일을 촉진하려고 더하는 힘
- **가하다(加-):** 1. 보태거나 더해서 늘리다 2. 어떤 행위를 하거나 영향을 끼치다

빨리 하도록 이끌려 한다면 '다그치다'나 '재촉하다' 같은 낱말을 쓸 만합니다. 잘 되도록 도우려 한다면 '북돋우다'나 '힘을 보태다'나 '힘을 더하다'라 하면 됩니다. 말을 탄 사람이 '박차'를 찬다면, 이는 '박차를 가하다'가 아니라 '박차질을 하다'라고 해야 알맞습니다. '拍車 + 加하다'는 일본 말씨입니다. 한국 말씨는 '박차 + 질'이에요. 뜀박질이나 부채질이나 걸레질처럼 '-질'을 붙입니다.

- ● 경쟁이 부단한 군사 혁신에 **박차를 가했다면**
- → 경쟁이 그치지 않는 군사 혁신을 **북돋았다면**
- → 끝없이 겨루는 군사 혁신을 **다그쳤다면**
- → 끝없이 겨루는 군사 혁신에 **힘을 보탰다면**

배꼽으로부터 전송된 문장

- **전송되다(傳送-):** 1. 전하여져 보내어지다
- **문장(文章):** 3. [언어] 생각이나 감정을 말과 글로 표현할 때 완결된 내용을 나타내는 최소의 단위 ≒ 문(文)·월·통사(統辭)
- **완성되다(完成-):** 완전히 다 이루어지다

번역 말씨이자 일본 말씨인 "당신의 몸은 배꼽으로부터"는 '그대 몸은 배꼽에서'로 손보고, "전송된 문장으로 완성되었다"는 '보낸 글월로 마무리되었다'로 손봅니다. 뒤쪽은 '보낸 글로 태어났다'나 '띄운 글줄로 태어났다'로 손볼 수 있습니다. 입음꼴을 자꾸 쓰기에 '-에서'를 붙일 자리에 '-으로부터'를 붙이기 일쑤입니다.

- ● 당신의 몸은 **배꼽으로부터 전송된 문장**으로 완성되었다
- → 그대 몸은 **배꼽에서 온 글월**로 마무리되었다
- → 그대 몸은 **배꼽에서 보낸 글**로 태어났다
- → 그대 몸은 **배꼽에서 띄운 글줄**로 태어났다

번지는 것은 우려할 만한 현상

- **마인드(mind):** x
- **시작되다(始作-):** 1. 어떤 일이나 행동의 처음 단계가 이루어지다
- **우려하다(憂慮-):** 근심하거나 걱정하다
- **현상(現象):** 1. 인간이 지각할 수 있는, 사물의 모양과 상태

"마인드"는 한국말 '마음'이나 '생각'으로 고칩니다. "-에서 시작되어"는 '-한테서 비롯하여'로 손보고, "직업세계의 다른 영역으로까지"는 '다른 일터로까지'로 손봅니다. "번지는 것은"은 '번지니'로 다듬고, "우려할 만한 현상이라 하겠다"는 '걱정스러운 모습이라 하겠다'나 '걱정스럽다'로 다듬어 봅니다.

- 그런 마인드가 기업 경영자에서 시작되어 이제 직업세계의 다른 영역으로까지 **번지는 것은 우려할 만한 현상**이라 하겠다

- → 그런 생각이 기업 경영자한테서 비롯하여 이제 다른 일자리로까지 **번지니 걱정스러운 모습**이라 하겠다

- → 그런 마음이 기업을 이끄는 이한테서 비롯하여 이제 다른 곳까지 **번지니 퍽 걱정스럽다**

보다 정확한 질문을 제기

- **-보다:** 서로 차이가 있는 것을 비교하는 경우, 비교의 대상이 되는 말에 붙어 '~에 비해서'의 뜻을 나타내는 격 조사
- **정확하다(正確-):** 바르고 확실하다
- **질문(質問):** 알고자 하는 바를 얻기 위해 물음
- **제기하다(提起-):** 의견이나 문제를 내어놓다
- **족하다(足-):** 1. 수량이나 정도 따위가 넉넉하다 2. 모자람이 없다고 여겨 더 바라는 바가 없다

사전은 토씨인 '-보다'를 어찌씨로도 올리지만 이는 올바르지 않습니다. '더'를 가리킬 자리에는 '더'를 쓰면 될 일입니다. '-보다'는 '너보다 내가 커'처럼 써야 올바릅니다. "정확한 질문을 제기하는 것으로"는 '제대로 묻기만 해도'나 '똑바로 물어보기만 해도'로 손볼 만합니다. "족할 것이다"는 '넉넉하다'나 '되다'로, '넉넉하리라'나 '되리라'로 손볼 수 있습니다.

- 정말이지 놀라기 위해서라도, **보다 정확한 질문을 제기**하는 것으로 족할 것이다
- → 참말이지 놀라고 싶어서라도, **더 똑바로 묻기**만 해도 넉넉하리라
- → 참말이지 놀라려고 하더라도, **더욱 제대로 물어보기**만 해도 된다

보무도 당당하게

- **보무(步武):** 위엄 있고 활기 있게 걷는 걸음
- **당당하다(堂堂-):** 1. 남 앞에 내세울 만큼 모습이나 태도가 떳떳하다 2. 힘이나 세력이 크다

'보무 당당'이나 '보무도 당당하게' 꼴로 흔히 쓰는 말씨는 군인이나 운동선수가 힘차게 걷는 모습을 가리키곤 합니다. 지난날 교련이나 제식훈련을 할 적에 으레 이 말씨를 썼고, 전쟁하고 얽힌 말씨이기도 합니다. 싸움터에서 저쪽 군인이나 부대를 말끔히 무찌른 뒤에 씩씩하게 내딛는 걸음걸이라고 할 수 있습니다. 전쟁하고 얽힌 낱말이어도 얼마든지 재미있게 쓸 수 있을 터이나, 이 말씨가 일제강점기 무렵부터 널리 퍼진 대목을 살필 수 있어야지 싶습니다. 걸음이 씩씩하다면 '씩씩한 걸음'이라 하면 되고, 걸음이 힘차면 '힘찬 걸음'이라 하면 됩니다. '다부진 걸음'이나 '의젓한 걸음'이나 '기운찬 걸음'이라 할 수도 있습니다.

- 강아지풀에 아가미를 줄줄이 꿰어 **보무도 당당하게** 집으로 돌아오던
- → 강아지풀에 아가미를 줄줄이 꿰어 **씩씩한 걸음으로** 집으로 돌아오던
- → 강아지풀에 아가미를 줄줄이 꿰어 **씩씩하게** 집으로 돌아오던
- → 강아지풀에 아가미를 줄줄이 꿰어 **힘차게** 집으로 돌아오던

복잡하게 만드는 한 가지 문제가 발생한다

- **분류(分類):** 1. 종류에 따라서 가름. '나눔'으로 순화 2. [논리] 유개념의 외연에 포함된 종개념을 명확히 구분하여 체계적으로 정리하는 것
- **복잡하다(複雜-):** 1. 일이나 감정 따위가 갈피를 잡기 어려울 만큼 여러 가지가 얽혀 있다 2. 복작거리어 혼잡스럽다
- **문제(問題):** 1. 해답을 요구하는 물음 2. 논쟁, 논의, 연구 따위의 대상이 되는 것 3. 해결하기 어렵거나 난처한 대상. 또는 그런 일 4. 귀찮은 일이나 말썽 5. 어떤 사물과 관련되는 일
- **발생(發生):** 1. 어떤 일이나 사물이 생겨남. '생김', '일어남'으로 순화

'분류'하고 '발생'은 고쳐쓸 말이라지만 학문에서는 자꾸 씁니다. '가르다 · 나누다 · 갈래짓다'하고 '생기다 · 일어나다 · 있다 · 불거지다 · 벌어지다'로 손보면 됩니다. "일을 더욱 복잡하게 만드는 문제"에서는 '일 · 문제'가 겹말입니다. 그리고 '만드는'은 번역 말씨이니 알맞게 털어냅니다.

- 세포를 분류하는 일을 더욱 **복잡하게 만드는 한 가지 문제가 발생한다**
- → 세포를 갈래짓는 일을 더욱 **어지럽히는 한 가지 말썽이 생긴다**
- → 세포를 가를 적에 더욱 **꼬는 한 가지 말썽이 있다**
- → 세포를 갈래짓기 더욱 **어렵게 하는 한 가지가 말썽이 된다**
- → 세포를 가르기 더욱 **꼬는 한 가지 골칫거리가 있다**

본 것에 대해서 이견이 분분했다

- **대하다(對-):** 3. ('대한', '대하여' 꼴로 쓰여) 대상이나 상대로 삼다
- **이견(異見):** 어떠한 의견에 대한 다른 의견. 또는 서로 다른 의견
- **분분하다(紛紛-):** 1. 떠들썩하고 뒤숭숭하다 2. 여럿이 한데 뒤섞여 어수선하다. '다양하다', '어지럽다'로 순화 3. 소문, 의견 따위가 많아 갈피를 잡을 수 없다

영어사전에서는 'about'을 으레 "−에 대한(대해서)"이나 "−에 관한(관해서)"으로 옮기라고 하지만, '−을/−를'이나 '−은/−는' 이나 '−을 놓고/−을 두고'로 옮겨야 한국 말씨답습니다. "이 견이 분분"은 '생각이 다르다'나 '생각이 갈리다'나 '말이 다르 다'로 손볼 만합니다.

- ● 그들이 본 것에 대해서 이견이 분분했다
- → 그들이 본 것을 놓고 생각이 엇갈렸다
- → 그들이 본 것을 두고 말이 많다
- → 그들이 본 것을 두고 저마다 말이 다르다
- → 그들이 무엇을 보았는지 서로 말이 다르다
- → 그들이 무엇을 봤는지 다들 말이 갈린다

부정적인 견해를 갖고 있다

- **분만(分娩):** = 해산(解産)
- **해산(解産):** 아이를 낳음 ≒ 면신(免身)·분만(分娩)·분산(分産)·출산·해만·해복
- **부정적(否定的):** 1. 그렇지 아니하다고 단정하거나 옳지 아니하다고 반대하는 2. 바람직하지 못한
- **견해(見解):** 어떤 사물이나 현상에 대한 자기의 의견이나 생각

아기를 낳을 적에는 '아기낳기 · 아이낳기 · 애낳기'라 하면 됩니다. 이를 이런저런 한자말로 나타내지 않아도 됩니다. 안 좋게 보거나 나쁘게 보거나 옳지 않다고 본다면 이대로 말하면 됩니다.

●   나는 병원에서 분만하는 데 **부정적인 견해를 갖고 있다**

→   나는 병원에서 아기를 낳는 일을 **안 좋게 본다**

→   나는 병원에서 아기를 낳으면 **나쁘다고 여긴다**

→   나는 병원에서 아기낳기가 **올바르지 않다고 여긴다**

부정하게 보수를 취할

- **부정(不正):** 올바르지 아니하거나 옳지 못함
- **보수(報酬):** 1. 고맙게 해 준 데 대하여 보답을 함. 또는 그 보답 2. 일한 대가로 주는 돈이나 물품
- **취하다(取-):** 2. 자기 것으로 만들어 가지다

거짓으로 넘어가도록 하기에 '속이다'입니다. 올바르지 않음을 뜻하는 '부정'은 '거짓'을 가리킵니다. "속여서 부정하게"는 겹말로 '속여서 지저분하게'나 '속여서 더럽게'로 손볼 수 있습니다. "보수를 취할"은 '돈을 얻을'이나 '벌이를 할'로 손봅니다.

- 하지도 않은 청소를 했다고 속여서 **부정하게 보수를 취할** 셈이야?
- → 치우지도 않고 속여서 **지저분하게 돈을 얻을** 셈이야?
- → 쓸고닦지도 않고 속여서 **더럽게 벌이를 할** 셈이야?

부족한 휴식을 가져왔다

- **부족하다(不足-):** 필요한 양이나 기준에 미치지 못해 충분하지 아니하다
- **충분하다(充分-):** 모자람이 없이 넉넉하다
- **휴식(休息):** 하던 일을 멈추고 잠깐 쉼

휴식을 가져올 수 있을까요? 가져다줄 수 있을까요? '쉼(휴식)'은 가져오지도 가져다주지도 못합니다. 쉬어야 할 적에 쉴 뿐입니다. 번역 말씨인 "부족한 휴식을 가져왔다"는 '모자라게 쉬었다'나 '제대로 못 쉬었다'로 고쳐써야 올바릅니다. '충분한 휴식을 가져왔다'처럼 쓰는 분이 있다면 '넉넉히 쉬었다'나 '제대로 쉬었다'로 고쳐쓰면 됩니다.

- 나는 터키 리그 시즌 종료 후에 국가대표 동료들보다 **부족한 휴식을 가져왔다**
- → 나는 터키 대회를 마친 뒤에 국가대표 동료보다 **얼마 못 쉬었다**
- → 나는 터키 대회를 마치고서 국가대표 동료보다 **제대로 못 쉬었다**
- → 나는 터키 대회를 마친 뒤에 국가대표 동료보다 **쉴 틈이 없었다**
- → 나는 터키 대회를 마치고서 국가대표 동료보다 **쉴 수 없었다**

부족해 어려움을 겪는

- **건강하다(健康-):** 정신적으로나 육체적으로 아무 탈이 없고 튼튼하다
- **관계(關係):** 1. 둘 이상의 사람, 사물, 현상 따위가 서로 관련을 맺거나 관련이 있음 ≒ 계관(係關) 2. 어떤 방면이나 영역에 관련을 맺고 있음
- **연습하다(練習-/鍊習-):** 학문이나 기예 따위를 익숙하도록 되풀이하여 익히다 ≒ 습련하다
- **장(場):** 어떤 일이 행하여지는 곳
- **부족하다(不足-):** 필요한 양이나 기준에 미치지 못해 충분하지 아니하다

서로 "건강한 관계를 연습할 장"이라면 '따스히 어울려 볼 자리'나 '살가이 만나 볼 곳'을 가리키겠지요. 번역 말씨 "어려움을 겪는"은 '어려워하는'이나 '어려운'으로 손봅니다. '어렵다 하는'이나 '어렵다는'으로 손보아도 됩니다.

● 정작 건강한 관계를 연습할 장이 **부족해 어려움을 겪는** 청소년이 많아요

→ 정작 탄탄히 지내 볼 터가 **모자라 어려워하는** 청소년이 많아요

→ 정작 따스히 어울려 볼 자리가 **모자라 어려운** 푸름이가 많아요

→ 정작 살뜰히 만나 볼 곳이 **모자라 어렵다 하는** 푸름이가 많아요

→ 정작 살가이 마주할 마당이 **모자라 어렵다는** 푸름이가 많아요

부차적인 수단들을 통해서·추구하는 걸까

- **부차적(副次的):** 주된 것이 아니라 그것에 곁딸린
- **곁따르다:** 1. 어떤 것에 덧붙어서 따르다 2. [북한어] 남이 하는데 옆에서 뒤따라 하다
- **수단(手段):** 1. 어떤 목적을 이루기 위한 방법. 또는 그 도구 2. 일을 처리하여 나가는 솜씨와 꾀
- **통하다(通-):** 14. 어떤 과정이나 경험을 거치다
- **추구하다(追求-):** 목적을 이룰 때까지 뒤쫓아 구하다

"부차적"은 말뜻대로 '곁딸린'으로 손질합니다. "부차적인 수단들을 통해서"는 '곁딸린 길을 거쳐서'나 '곁가지를 거쳐서'나 '곁가지로'로 손볼 만하고, "추구하는 걸까"는 '찾으려 할까'나 '바랄까'로 단출하게 손봅니다. 말끝에 붙이는 '것'은 군더더기입니다.

- ● 왜 이런 **부차적인 수단들을 통해서** 행복을 추구하는 걸까
- → 왜 이런 **다른 길을 돌아서** 기쁨을 찾으려 할까
- → 왜 이런 **곁가지를 거쳐서** 기쁨을 찾으려 할까
- → 왜 이런 **곁딸린 길에서** 기쁨을 바라려 할까
- → 왜 이런 **곁길에서** 기쁨을 바랄까

불특정 다수

- **불특정 다수:** x
- **불특정(不特定):** 특별히 정하지 아니함. '임의의'로 순화
- **다수(多數):** 수효가 많음
- **임의(任意):** 1. 일정한 기준이나 원칙 없이 하고 싶은 대로 함 2. (주로 '임의의' 꼴로 쓰여) 대상이나 장소 따위를 일정하게 정하지 아니함
- **부담감(負擔感):** 어떠한 의무나 책임을 져야 한다는 느낌

따로 가리키거나 짚지 않으면 누구인지 모르니, '불특정 다수'는 '낯선 사람들'이나 '모르는 사람들'입니다. '알지 못하는 사람들'이나 '알 수 없는 사람들'이고요. 책집지기가 어떤 손님을 맞이할는지 모른다면 '손님이 누구일는지 모르기 때문에'나 '어느 분이 올는지 모르기 때문에'나 '누가 오실는지 모르기 때문에'나 '어떤 사람이 올는지 모르기 때문에'로 풀어냅니다. '부담감'은 '짐'으로 가볍게 손봅니다.

- 마찬가지로 상대가 **불특정 다수**이기 때문에 부담감의 나사를 느슨하게 풀고

→ 이와 마찬가지로 **손님이 누구일는지 모르기** 때문에 짐이라는 나사를 느슨하게 풀고

→ 이와 마찬가지로 **어느 분이 올는지 모르기** 때문에 짐이라는 나사를 느슨하게 풀고

→ 이와 마찬가지로 **누구를 맞이할는지 모르기** 때문에 짐이라는 나사를 느슨하게 풀고

불편함이 있었어요

- **불편하다(不便-):** 1. 어떤 것을 사용하거나 이용하는 것이 거북하거나 괴롭다 ≒ 불편리하다
- **-ㅁ:** ('이다'의 어간, 받침 없는 용언의 어간, 'ㄹ' 받침인 용언의 어간 또는 어미 '-으시-' 뒤에 붙어) 그 말이 명사 구실을 하게 하는 어미

'-ㅁ'을 붙여서 이름씨가 되도록 할 수 있습니다. 낱말 하나만 놓고 본다면 '불편하다'는 '불편함'으로 적어도 되지만, '-ㅁ'을 붙여서 이름씨로 바꾼 뒤에 '있다'를 뒤에 달아 '불편함이 있었어요'처럼 적으면 번역 말씨입니다. '불편했어요'나 '거북했어요'나 '힘들었어요'나 '괴로웠어요'로 손질해 줍니다.

- ● 대학에서 학생운동을 할 때 **불편함이 있었어요**
- → 대학에서 학생운동을 할 때 **불편했어요**
- → 대학에서 학생운동을 할 때 **거북했어요**
- → 대학에서 학생운동을 할 때 **힘들었어요**

비즙을 배설시키는 것이 불가능하며

- **비즙**: x
- **배설(排泄)**: 1. 안에서 밖으로 새어 나가게 함 2. [생물] 동물이 섭취한 영양소로부터 자신의 몸 안에 필요한 물질과 에너지를 얻은 후 생긴 노폐물을 콩팥이나 땀샘을 통해 밖으로 내보내는 일
- **불가능(不可能)**: 가능하지 않음
- **곤란하다(困難-)**: 사정이 몹시 딱하고 어렵다 ≒ 난하다

'비즙'이라는 한자말은 한국말사전에 없습니다. 일본에서는 '鼻汁(はなしる)'라는 한자말을 쓰는지 모르나, 한국에서는 '콧물'이라고 합니다. 일본 책을 한국말로 옮길 적에는 일본 한자말을 한글로 바꾸기만 하면 엉성합니다. 한국말답게 결·흐름·얼개를 살펴서 알맞게 적어야 합니다. 그리고 코를 풀어서 '콧물을 내보내'거나 '콧물을 뺍'니다.

- 반려견은 코를 풀게 하여 **비즙을 배설시키는 것이 불가능하며**, 구조상 코를 막고 있는 **비즙**을 밀어내서 배출시켜 주는 것도 곤란합니다

→ 한집개는 코를 풀게 하여 **콧물을 내보낼 수 없으며**, 코를 막는 **콧물**을 밀어내서 내보내기도 어렵습니다

→ 길벗개는 코를 풀게 하여 **콧물을 뺄 수 없으며**, 코를 막는 **콧물**을 밀어내서 내보내기도 어렵습니다

빵 위에 두텁게 바르는

- **위:** 3. 어떤 사물의 거죽이나 바닥의 표면
- **on:** 1. ⋯ (위)에[로] (무엇의 표면에 닿거나 그 표면을 형성함을 나타냄)
- **두텁다:** 신의, 믿음, 관계, 인정 따위가 굳고 깊다
- **두껍다:** 1. 두께가 보통의 정도보다 크다

영어에서는 'on'을 붙여야 말이 되지만, 한국말에서는 '위'를 붙이면 말이 안 되기 일쑤입니다. 그러나 사전에는 '위' 뜻풀이를 셋째처럼 엉뚱하게 넣고 "장판 위를 기어가는 벌레"처럼 틀린 보기글마저 붙입니다. 사전 보기글은 '장판을 기어가는 벌레'로 바로잡습니다. 번역 말씨 탓에 잘못 퍼진 '위' 못지않게 '아래'도 잘못 퍼졌기에 알맞게 다듬습니다. "주먹을 테이블 아래에서 꽉 쥐고"는 '주먹을 책상 밑에서 꽉 쥐고'나 '주먹을 책상 밑에 놓고 꽉 쥐며'로 손봅니다. '두껍다'를 '두텁다'로 잘못 쓰지 않도록 추슬러야겠는데, 꿀을 빵에 바른다면 '잔뜩·듬뿍·왕창'으로 손볼 만합니다.

- 벌꿀을 푹 떠서 **빵 위에 두텁게 바르는** 남자가 있으면, 나는 테이블 아래에서 주먹을 꽉 쥐고

→ 벌꿀을 푹 떠서 **빵에 두껍게 바르는** 사내가 있으면, 나는 주먹을 책상 밑에서 꽉 쥐고

→ 벌꿀을 푹 떠서 **빵에 잔뜩 바르는** 놈이 있으면, 나는 주먹을 책상 밑에 놓고 꽉 쥐며

빵꾸가 났다

- **빵꾸(일 panku):** → 펑크
- **펑크(puncture):** 1. 고무 튜브 따위에 구멍이 나서 터지는 일 2. 의복이나 양말 따위가 해져서 구멍이 뚫리는 일 3. 일이 중도에 틀어지거나 잘못되는 일 4. 낙제에 해당하는 학점을 받음을 이르는 말

일본말인 "빵꾸"입니다. 사전은 영어 '펑크'로 고쳐쓰라고 풀이하지만, '빵꾸·펑크' 모두 '구멍'으로 고쳐쓸 노릇입니다. '구멍나다'란 낱말을 새롭게 지어서 올림말로 삼아도 됩니다. 양말에 구멍이 날 적에는 '터지다·뚫리다·뜯어지다·틀어지다'를 써 볼 수 있습니다.

- 양말이 **빵꾸가 났다**. 이 얼마 만이냐. 기분이 좋다
- → 양말이 **구멍이 났다**. 이 얼마 만이냐. 즐겁다
- → 양말이 **구멍났다**. 이 얼마 만이냐. 즐겁다
- → 양말이 **터졌다**. 이 얼마 만이냐. 신난다
- → 양말이 **뚫렸다**. 이 얼마 만이냐. 재미난다
- → 양말이 **뜯어졌다**. 이 얼마 만이냐. 기쁘다

사용의 간편성을 고려하여

- **사용(使用):** 1. 일정한 목적이나 기능에 맞게 씀 2. 사람을 다루어 이용함. '부림', '씀'으로 순화
- **간편성:** x
- **간편(簡便):** 간단하고 편리함
- **고려하다(考慮-):** 생각하고 헤아려 보다
- **간단하다(簡單-):** 1. 단순하고 간략하다 2. 간편하고 단출하다 3. 단순하고 손쉽다
- **편리하다(便利-):** 편하고 이로우며 이용하기 쉽다
- **해설(解說):** 문제나 사건의 내용 따위를 알기 쉽게 풀어 설명함

'사용(사용하다)'은 고쳐쓸 낱말이고, '간편'은 '간단·편리'를 돌아서 '손쉽다·쉽다'를 얻으며, '고려하다'는 '생각하다'나 '헤아리다'로 고쳐쓸 만합니다. "사용의 간편성을 고려하여"는 '쓰기에 좋도록 헤아려서'나 '다루기 좋도록 살펴서'로 손질합니다.

- 이 책은 **사용의 간편성을 고려하여** 각각의 병의 증상과 원인에 대해 가능한 짧게 해설하였습니다
- → 이 책은 병이 난 모습이나 까닭을 **찾아보기 좋도록** 되도록 짧게 풀이하였습니다
- → 이 책은 병이 난 모습이나 까닭을 **살펴보기 좋도록** 저마다 짧게 풀이하였습니다
- → 이 책은 **쓰기 좋도록**, 병이 난 모습이나 까닭을 저마다 짤막히 풀이하였습니다

살리기 위해 엄청난 노력을 한다

- **문장(文章):** 3. [언어] 생각이나 감정을 말과 글로 표현할 때 완결된 내용을 나타내는 최소의 단위
- **위하다(爲-):** 3. 어떤 목적을 이루려고 하다
- **노력하다(努力-):** 목적을 이루기 위하여 몸과 마음을 다하여 애를 쓰다
- **세련(洗練/洗鍊):** 1. 서투르거나 어색한 데가 없이 능숙하고 미끈하게 갈고닦음

"문장의 감칠맛을 살리기 위해"는 '글에서 감칠맛을 살리려고'로 손볼 만한데, 단출하게 '글맛을 살리려고'로 적을 수 있습니다. 번역 말씨인 "엄청난 노력을 한다"는 '엄청나게 애쓴다'로 손보고, "세련된"은 '말끔한'이나 '좋은'이나 '말쑥한'이나 '멋진'으로 손볼 만합니다. 더 헤아린다면 엄청나게 애쓸 적에 '멋진 글이 나온다'라 하기보다는 '멋진 글을 쓴다'처럼 짜임새를 고칠 수 있습니다.

- 문장의 감칠맛을 **살리기 위해 엄청난 노력을 한다**. 그래서 세련된 문장이 나온다
- → 글에서 감칠맛을 **살리려고 엄청나게 애쓴다**. 그래서 말끔한 글이 나온다
- → 글에 감칠맛이 **나도록 엄청나게 힘쓴다**. 그래서 좋은 글을 쓴다
- → 글이 감칠맛이 **살도록 엄청나게 애쓴다**. 그래서 눈부신 글을 쓴다
- → 글에 감칠맛이 **있도록 엄청나게 힘쓴다**. 그래서 멋진 글을 쓴다
- → 감칠맛 나는 글이 **되도록 엄청나게 애쓴다**. 그래서 고운 글을 쓴다

상대적으로 안정적인 정책을 채택하여

- **상대적(相對的):** 서로 맞서거나 비교되는 관계에 있는
- **안정적(安定的):** 바뀌어 달라지지 아니하고 일정한 상태를 유지하게 되는
- **채택하다(採擇-):** 작품, 의견, 제도 따위를 골라서 다루거나 뽑아 쓰다
- **상당하다(相當-):** [그림씨] 1. 어느 정도에 가깝거나 알맞다 4. 어지간히 많다. 또는 적지 아니하다
- **효과(效果):** 1. 어떤 목적을 지닌 행위에 의하여 드러나는 보람이나 좋은 결과

"상대적으로"는 '누구보다'나 '다른 누구보다'로 손볼 만한데, '여러모로'나 '제법'으로 손볼 수 있습니다. 번역 말씨인 "안정적인 정책을 채택하여"는 '정책을 차분히 펴며'쯤으로 다듬어 줍니다. "상당한 효과를 거두었다"는 '톡톡히 열매를 거두었다'나 '제법 훌륭했다'로 손볼 만합니다.

- 상대적으로 안정적인 정책을 채택하여 상당한 효과를 거두었다
- → 여러모로 차분히 정책을 꾀하며 톡톡히 열매를 거두었다
- → 정책을 제법 차분히 펴며 쏠쏠히 보람이 있었다
- → 그럭저럭 차분한 길을 걸어 제법 훌륭했다

상부기도

- **상부기도:** x
- **상기도(上氣道):** [의학] 기도에서, 기관지·후두·인두·코안이 있는 부위 ≒ 윗숨길
- **상부(上部):** 1. 위쪽 부분 2. 더 높은 직위나 관청
- **기도(氣道):** [의학] 호흡할 때 공기가 지나가는 길. 콧구멍, 코안, 인두, 후두, 기관, 기관지로 이루어져 있다 ≒ 숨길
- **코:** 1. 포유류의 얼굴 중앙에 튀어나온 부분. 호흡을 하며 냄새를 맡는 구실을 하고, 발성(發聲)을 돕는다 2. = 콧물 3. 버선이나 신 따위의 앞 끝이 오뚝하게 내민 부분

한국말사전에 '상부기도'는 없고 '상기도'가 나옵니다. 이와 맞물릴 만한 '하부기도 · 하기도'는 한국말사전에 없습니다. 일본을 거쳐서 들어온 의학말이라 할 텐데, '윗숨길'이라는 한국말이 있습니다. 위쪽에 있는 숨길이라고 해서 '윗숨길'이면 아래쪽은 '아랫숨길'이나 '밑숨길'입니다. '코가 간지러워서 재채기가 나온다'는 이야기를 "상부기도가 자극을 받아서 재채기가 나오게 된다"로 적지 않아도 됩니다. 의학에서도 코는 '코'입니다.

- 재채기는 기침과 달리 주로 **상부기도(코)**가 자극을 받아서 나오게 됩니다
→ 재채기는 기침과 달리 흔히 **코**가 간지러워서 나옵니다
→ 재채기는 기침과 달리 으레 **윗숨길**이 간지러워서 나옵니다

새에 대한 관심이 시작되었던 것 같아

- **대하다(對-):** ('대한', '대하여' 꼴로 쓰여) 대상이나 상대로 삼다
- **관심(關心):** 어떤 것에 마음이 끌려 주의를 기울임. 또는 그런 마음이나 주의
- **시작되다(始作-):** 1. 어떤 일이나 행동의 처음 단계가 이루어지다
- **것:** ('-는/은 것이다' 구성으로 쓰여) 말하는 이의 확신, 결정, 결심 따위를 나타내는 말

"새에 대한 관심"은 번역 말씨입니다. '-되었던 것 같다'도 번역 말씨입니다. 한국 말씨는 '것 같다'가 아닌 '듯하다'입니다. '시작되다'는 처음을 이루는 모습을 가리키는데, 이 보기글은 새'를' '처음'으로 '눈여겨본' 때가 언제인가를 말하거나, 새'한테' '처음'으로 '마음이 끌린' 때가 언제인가를 말한다고 볼 만합니다.

- 하늘을 마음껏 날던 새들의 모습을 지금도 잊을 수 없어. 그때부터 **새에 대한 관심이 시작되었던 것 같아**

→ 하늘을 마음껏 날던 새를 아직도 잊을 수 없어. 그때부터 **새를 눈여겨본 듯해**

→ 새가 하늘을 마음껏 날던 모습을 아직도 잊을 수 없어. 그때부터 **새를 좋아한 듯해**

서로의 한계를 보완할

- **한계(限界):** 사물이나 능력, 책임 따위가 실제 작용할 수 있는 범위 ≒ 계한(界限)·애한(涯限)
- **보완(補完):** 모자라거나 부족한 것을 보충하여 완전하게 함
- **능력(能力):** 1. 일을 감당해 낼 수 있는 힘 ≒ 역능(力能)

'서로 + 의'는 일본 말씨입니다. '-의'를 덥니다. "한계를 보완할"이란 힘이 안 닿는 데를 채우거나 보태거나 돕는다는 뜻일 테니 '모자란 곳을 채울'이나 '못하는 일을 도울'로 손봅니다. "갖추고 있으니까요"는 번역 말씨인데, 앞말하고 묶어서 '가장 좋은 힘이 있으니까요'나 '가장 잘 도울 수 있으니까요'나 '가장 좋으니까요'로 손질해 봅니다.

- ● **서로의 한계를 보완할** 가장 좋은 능력을 갖추고 있으니까요
- → **서로 모자란 곳을 채울** 가장 좋은 힘이 있으니까요
- → **서로 아쉬운 데를 채울** 힘이 가장 좋으니까요
- → **서로 못하는 일을 도울 만한** 힘이 가장 좋으니까요
- → **서로 못하는 일을** 가장 잘 **도울** 수 있으니까요

서울에 올라와서·살게 된 겁니다

- **올라오다:** 3. 지방에서 서울 따위의 중앙으로 오다. 또는 지방 부서에서 중앙 부서로 오다
- **상경(上京):** 지방에서 서울로 감 ≒ 등락(登洛)·상락(上洛)·출경(出京)·출부(出府)
- **되다:** 16. 어떤 상황이나 사태에 이르다

삶터를 돌아보면 시골을 낮추고 서울을 높이는 흐름이 있습니다. 이 때문에 '상경·낙향' 같은 한자말을 씁니다. 서울로 가는 길은 '오르다(上)'요, 시골로 가는 길은 '내려가다·떨어지다(落)'라 하지요. 옛날에는 이런 말을 썼다고 하더라도 이제는 민주와 평화와 평등을 헤아리며 '가다·오다'라고만 해야지 싶습니다 '상행선·하행선'도 고쳐서 '서울 상행선'은 '서울길'로, '부산 하행선'은 '부산길'로 바로잡으면 좋겠습니다. '서울가기·서울오기'를 새말로 지어도 어울립니다. '―게 되다'로 나타나는 '가르치게 되었어요'나 '회사와 마찰이 있게 되면'나 '밥을 먹을 수 있게 되다' 같은 입음꼴은 번역 말씨입니다. '가르쳐요'나 '회사와 부딪히면'이나 '밥을 먹을 수 있다'로 손질합니다.

- 처음 **서울에 올라와서** 기숙사에서 **살게 된 겁니다**
- → 처음 **서울에 와서** 기숙사에서 **살았습니다**
- → 처음 **서울에 와서** 기숙사에서 **살아 보았습니다**
- → 처음 **서울에 가서** 기숙사에서 **살았습니다**

선생님이 갈게

- **선생님(先生-)**: 1. '선생(先生)'을 높여 이르는 말 2. '선생'을 높여 이르는 말 3. 나이가 어지간히 든 사람을 대접하여 이르는 말
- **선생(先生)**: 1. 학생을 가르치는 사람 2. 학예가 뛰어난 사람을 높여 이르는 말 3. 성(姓)이나 직함 따위에 붙여 남을 높여 이르는 말 4. 어떤 일에 경험이 많거나 잘 아는 사람을 비유적으로 이르는 말 5. 자기보다 나이가 적은 남자 어른을 높여 이르는 말
- **교사(敎師)**: 1. 주로 초등학교·중학교·고등학교 따위에서, 일정한 자격을 가지고 학생을 가르치는 사람
- **스승**: 자기를 가르쳐서 인도하는 사람

가르치는 사람을 가리키는 한자말 '선생'은 높임말이나 부름말처럼 퍼집니다. '선생님'처럼 '–님'을 붙이면 다른 누구를 높일 적에만 쓸 수 있으나, '스승' 자리에 있는 이 스스로 저를 가리키며 잘못 쓰곤 합니다. 아이를 바라보는 어머니가 '어머님이 말했잖니'라 할 수 없습니다. 스승이라면 '선생이 말했잖니'라 해야겠으나, 이도 알맞지 않습니다. 스승·교사·선생(선생님)은 '나(내)'라 해야 올바릅니다. "선생님이 갈게"는 '내가 갈게'로 고칠 노릇인데 '바로 갈게'나 '얼른 갈게'로 고쳐도 어울립니다.

- 거, 거기 가만히 있어! **선생님이 갈게**
- → 거, 거기 가만히 있어! **내가 갈게**
- → 거, 거기 가만히 있어! **얼른 갈게**

소통하고 관계를 맺는 일

- **소통하다(疏通-)**: 1. 막히지 아니하고 잘 통하다 2. 오해가 없도록 뜻을 서로 통하다
- **통하다(通-)**: 9. 마음 또는 의사나 말 따위가 다른 사람과 소통되다
- **관계(關係)**: 1. 둘 이상의 사람, 사물, 현상 따위가 서로 관련을 맺거나 관련이 있음 2. 어떤 방면이나 영역에 관련을 맺고 있음
- **관련(關聯/關連)**: 둘 이상의 사람, 사물, 현상 따위가 서로 관계를 맺어 매여 있음
- **맺다**: 5. 관계나 인연 따위를 이루거나 만들다

사전에서는 '소통하다'는 "통하다"로, '통하다'는 "소통하다"로 풀이합니다. '관계'는 "관련을 맺다"로, '관련'은 "관계를 맺다", '맺다'는 "관계를 만들다"로 풀이합니다. 이런 사전을 보면 아무것도 알 수 없습니다. 사전을 덮고서 군더더기 겹말을 털어내는 데에 마음을 기울여야지 싶습니다.

- 서로 마음을 주고받으며 **소통하고 관계를 맺는 일**은 우리에게 큰 영향을 끼쳐요
- → 서로 마음을 주고받으며 **사귀기**란 우리한테 큰일이에요
- → 서로 마음을 주고받으며 **어울리기**란 우리한테 큰일이에요
- → 서로 마음을 주고받으며 **만나기**란 우리한테 큰일이에요

수리가 필요

- **청소(淸掃):** 더럽거나 어지러운 것을 쓸고 닦아서 깨끗하게 함 ≒ 소제(掃除)·소청(掃淸)
- **수리(修理):** 고장 나거나 허름한 데를 손보아 고침
- **필요(必要):** 반드시 요구되는 바가 있음 ≒ 수요(須要)

'수리 필요' 같은 '(무엇) 필요'는 일본 말씨입니다. 여기에 토씨를 붙여 "수리가 필요하겠군"이라 해도 일본 말씨입니다. '고쳐야겠군'이나 '손봐야겠군'이나 '손질해야겠군'으로 고쳐 줍니다. 쓸고 닦을 적에 '청소'라 하는데, 곰곰이 보면 '쓸고 닦다'를 한 낱말로 삼아서 쓸 만하고, '쓰레질·비질'을 알맞게 써 볼 수 있습니다.

- ● 청소가 아니라 **수리가 필요**하겠군
- → 쓰레질이 아니라 **고쳐야** 하겠군
- → 비질이 아니라 **손질을 해야**겠군
- → 쓸고닦기 말고 **손질을 해야**겠군
- → 쓸고닦지 말고 **손봐야**겠군

수분 섭취

- **수분(水分):** = 물기
- **섭취(攝取):** 1. 좋은 요소를 받아들임 2. 자비심으로 중생을 거두어들임 3. 생물체가 양분 따위를 몸속에 빨아들이는 일

물을 몸에 받아들인다고 할 적에는 '마시다'라는 말을 씁니다. "수분 섭취"란 '물 마시기'요, "수분을 충분히 섭취"란 '물을 많이 마시기'나 '물을 넉넉히 마시기'입니다.

- "그럼 애들 좀 부탁한다. **수분 섭취**에 신경 좀 써 줘. 식사랑 약도."
- → "그럼 애들 좀 맡긴다. **물 좀 잘 챙겨** 줘. 밥이랑 약도."
- → "그럼 애들 좀 맡긴다. **물 좀 많이 마시게** 해 줘. 밥이랑 약도."
- → "그럼 애들 좀 맡긴다. **물 좀 많이 마시도록** 해 줘. 밥이랑 약도."

- 설사로 인해 많은 수분이 배출되므로 탈수가 일어나지 않도록 **수분을** 충분히 **섭취시켜야** 합니다
- → 물똥 때문에 물이 많이 나오므로 몸에 물이 모자라지 않도록 **물을 많이 마시도록 챙겨야** 합니다
- → 물똥을 누느라 물이 많이 나오므로 몸에 물이 모자라지 않도록 **물을 넉넉히 먹여야** 합니다

수정을 가하다

- **수정(修正):** 바로잡아 고침
- **수정(修訂):** 글이나 글자의 잘못된 점을 고침
- **가하다(加-):** 1. 보태거나 더해서 늘리다 2. 어떤 행위를 하거나 영향을 끼치다
- **초고(草稿):** 초벌로 쓴 원고 ≒ 고(稿)·글초·원고(原稿)·저고(底稿)

한자말 '수정'은 두 가지인데, 어느 쪽이든 '고치다'를 뜻합니다. '수정을 가한다'라 할 적에는 '고친다'는 소리입니다. 단출하고 짤막하고 쉽습니다. 그냥 '고치다'라 하면 되고, '손보다'나 '손질하다'라 할 수 있습니다. 사전에는 아직 안 실리지만 '고쳐쓰다'를 써 보아도 됩니다.

- 글에 **수정을 가하다** 보면 어떤 부분은 초고와는 전혀 다른 글이 되어 있기도 하다
- → 글을 **손질하다** 보면 어떤 곳은 처음과는 아주 다른 글이 되기도 한다
- → 글을 **고치다** 보면 어떤 데는 처음하고는 사뭇 달라지기도 한다
- → 글을 **손보다** 보면 어떤 대목은 처음이랑 참 달라지기도 한다
- → 글을 **고쳐쓰다** 보면 때로는 처음이랑 매우 달라지기도 한다

숙면을 취하는 것

- **숙면(熟眠):** 잠이 깊이 듦. 또는 그 잠
- **취하다(取-):** 1. 일정한 조건에 맞는 것을 골라 가지다 2. 자기 것으로 만들어 가지다
  3. 어떤 일에 대한 방책으로 어떤 행동을 하거나 일정한 태도를 가지다

'잠을 자다'를 '수면(睡眠)을 취하다'라 하거나 '깊이 자다'를 '숙면을 취하다'라 하는 사람이 있습니다. 쉬운 말을 놓고서 어려운 말을 쓰는 셈입니다. 깊이 잔다고 할 적에는 '깊은잠'처럼 새말을 짓거나 '단잠'처럼 오래된 말을 쓸 수 있습니다. 깊게 못 잘 적에는 '얕은잠 · 선잠' 같은 말을 쓸 만합니다.

- ● **숙면을 취하는 것**이 좋다는 식의 쉬운 설명이다
- → **깊이 자야** 좋다는 쉬운 얘기이다
- → **푹 자야** 좋다고 하듯이 쉬운 얘기이다
- → **단잠**이 좋다고 하듯이 쉬운 얘기이다

스스로에 대해 내리고 있는·합리화

- **평가(評價):** 2. 사물의 가치나 수준 따위를 평함. 또는 그 가치나 수준
- **평하다(評-):** 좋고 나쁨, 잘하고 못함, 옳고 그름 따위를 평가하다
- **기존(既存):** 이미 존재함
- **대하다(對-):** 3. 대상이나 상대로 삼다
- **합리화(合理化):** 3. [심리] 어떤 일을 한 뒤에, 자책감이나 죄책감에서 벗어나기 위하여 그것을 정당화함
- **연장(延長):** 1. 시간이나 거리 따위를 본래보다 길게 늘림

"스스로에 대해 내리고 있는 그릇된 합리화"는 '스스로한테 내리는 그릇된 합리화'로 손볼 만하지만 아직 어정쩡합니다. 낱말하고 말씨를 더 손보아 '스스로를 그릇된 핑계로 감쌀'로 적어 봅니다. 사전에서는 '평가'는 "평하다"로, '평하다'는 "평가하다"로 돌림풀이합니다. '평가·평하다'는 '말'이나 '이야기(얘기)'로 손질해 줍니다.

- 그런 평가는 기존 문화가 **스스로에 대해 내리고 있는** 그릇된 **합리화**를 더욱더 연장시킬 뿐이다
- → 그런 말은 옛 문화가 **스스로를** 그릇된 **핑계로** 더욱더 **감쌀** 뿐이다
- → 그런 얘기는 옛 살림이 **스스로를** 그릇된 **허울로** 더욱더 **감쌀** 뿐이다

시적 언어의 정제·요구되는 지점

- **시적(詩的):** 시의 정취를 가진. 또는 그런 것
- **언어(言語):** 생각, 느낌 따위를 나타내거나 전달하는 데에 쓰는 음성, 문자 따위의 수단. 또는 그 음성이나 문자 따위의 사회 관습적인 체계
- **정제(精製):** 1. 정성을 들여 정밀하게 잘 만듦 2. 물질에 섞인 불순물을 없애 그 물질을 더 순수하게 함
- **정제(整齊):** 1. 정돈하여 가지런히 함 ≒ 제정(齊整) 2. 격식에 맞게 차려입고 매무시를 바르게 함
- **요구되다(要求-):** 받아야 될 것이 필요에 의하여 달라고 청해지다
- **지점(地點):** 땅 위의 일정한 점

"시적 언어"란 시다운 말일까요, '싯말'일까요? 아리송합니다. "시적 언어의 정제"하고 "요구되는 지점도"는 일본 말씨하고 번역 말씨가 어우러져서 엉성합니다. 둘을 묶어서 '싯말로 가다듬어야 하는 대목'이나 '시답게 손질해야 하는 곳' 쯤으로 다듬어 볼 만합니다.

● **시적 언어의 정제**가 조금은 더 **요구되는 지점**도 있지만

→ **싯말로** 조금 더 **가다듬어야 하는 대목**도 있지만

→ **시답게 말을** 조금 더 **손질해야 하는 곳**도 있지만

→ **싯말스럽게** 조금 더 **갈고닦아야 하는 데**도 있지만

식물학적 상상력에 토대를 둔 위 시

- **식물학적:** x
- **상상력(想像力):** 1. 실제로 경험하지 않은 현상이나 사물에 대하여 마음속으로 그려 보는 힘
- **토대(土臺):** 2. [건설] 모든 건조물 따위의 가장 아랫도리가 되는 밑바탕 ≒ 지반(地盤)·흙바탕 3. 어떤 사물이나 사업의 밑바탕이 되는 기초와 밑천을 비유적으로 이르는 말
- **형상화(形象化):** 형체로는 분명히 나타나 있지 않은 것을 어떤 방법이나 매체를 통하여 구체적이고 명확한 형상으로 나타냄

'식물학적'은 사전에 없는 말인데, "식물학적 상상력에 토대를 둔 위 시"란 무엇일까요? 글에서 '위·아래'라 적는 버릇은 일제강점기에 글종이에 일본사람이 쓰던 말씨에서 비롯했습니다. 줄이나 쪽이 넘어가면 '위·아래'는 어긋나기에 '이·다음'으로 고쳐 줍니다. 꿈을 그리고 슬픔을 그립니다.

- ● **식물학적 상상력에 토대를 둔 위 시**는 한 존재 속에 뿌리내린 슬픔을 형상화했습니다
- → **풀을 생각하며 쓴 이 시**는 어느 목숨에 뿌리내린 슬픔을 그렸습니다
- → **풀을 헤아리며 쓴 이 시**는 어느 숨결에 뿌리내린 슬픔을 나타냈습니다

심기가 불편할

- **심기(心氣):** 마음으로 느끼는 기분
- **기분(氣分):** 1. 대상·환경 따위에 따라 마음에 절로 생기며 한동안 지속되는, 유쾌함이나 불쾌함 따위의 감정
- **불편하다(不便-):** 1. 어떤 것을 사용하거나 이용하는 것이 거북하거나 괴롭다 2. 몸이나 마음이 편하지 아니하고 괴롭다 3. 다른 사람과의 관계 따위가 편하지 아니하다

'심기'는 "마음으로 느끼는 기분"이고 '기분'은 '감정' 그러니까 '느낌'을 가리킵니다. 사전은 '기분'을 풀이하면서 "유쾌함이나 불쾌함" 같은 한자말을 적습니다. 이는 '즐거움이나 거북함' 또는 '좋음이나 나쁨'을 가리킵니다. 한자말 '불편'은 '편하지 않음'을 뜻하고, 이는 '거북하다'나 '괴롭다'를 가리킵니다. 곧 '심기가 불편하다 = 마음이 안 좋다·즐겁지 않다 = 거북하다·괴롭다'인 얼거리입니다. 차근차근 헤아리면 글을 한결 쉬우면서 부드러이 쓸 수 있습니다.

- 엄마는 나 때문에 **심기가 불편할** 때면 집을 나가라고 엄포를 놓는데
→ 엄마는 나 때문에 **마음이 안 좋을** 때면 집을 나가라고 엄포를 놓는데
→ 엄마는 나 때문에 **거북할** 때면 집을 나가라고 엄포를 놓는데

심리적 성장을 통해·행복한 삶을 살도록

- **다양하다(多樣-):** 모양, 빛깔, 형태, 양식 따위가 여러 가지로 많다
- **심리적(心理的):** 마음의 작용과 의식 상태에 관한
- **성장(成長):** 1. 사람이나 동식물 따위가 자라서 점점 커짐
- **통하다(通-):** 14. 어떤 과정이나 경험을 거치다
- **건강하다(健康-):** 정신적으로나 육체적으로 아무 탈이 없고 튼튼하다
- **목표(目標):** 어떤 목적을 이루려고 지향하는 실제적 대상으로 삼음. 또는 그 대상 ≒ 표목(標目)

일본 말씨인 "다양한 삶의 문제를 다루며"는 '삶에서 여러 가지를 다루며'로 손봅니다. "심리적 성장을 통해"는 '마음이 자라는 동안'이나 '마음이 크는 동안'으로 다듬습니다. "삶을 살도록"은 겹말이니 "행복한 삶을 살도록"은 '즐겁게 살도록'이나 '기쁘게 살도록'으로 손보고, "-도록 하는 데 목표가 있어요"는 '-도록 도우려 해요'나 '-도록 이끌려 해요'로 손질해 줍니다.

- 다양한 삶의 문제를 다루며 **심리적 성장을 통해** 좀더 건강하고 **행복한 삶을 살도록** 하는 데 목표가 있어요
→ 삶에서 여러 가지를 다루며, **마음이 자라는 동안** 좀더 튼튼하고 **즐겁게 살도록** 도우려 해요
→ 살아가는 여러 가지를 다루며, **마음이 크는 동안** 좀더 튼튼하고 **기쁘게 살도록** 이끌려 해요

심장의 일들에 대해

• **대하다(對-)**: 3. ('대한', '대하여' 꼴로 쓰여) 대상이나 상대로 삼다

'-의'를 넣은 "심장의 일들"은 일본 말씨입니다. 이 글월은 무슨 뜻일까요? 아마 '심장이 하는 일'쯤 되겠지요. 그러면 말뜻처럼 '-이 하는'을 쓰면 됩니다. 여기에 번역 말씨인 '-에 대해'가 붙는데, '심장이 하는 일을'이라 적으면 됩니다. 단출하게 '심장을'이라 적어 보아도 됩니다.

● 하나가 사라지면 다른 하나가 들어앉는 **심장의 일들에 대해** 생각한다

→ 하나가 사라지면 다른 하나가 들어앉는 **심장이 하는 일을** 생각한다

→ 하나가 사라지면 다른 하나가 들어앉는 **일을 하는 심장을** 생각한다

→ 하나가 사라지면 다른 하나가 들어앉는 **심장을** 생각한다

아래처럼 만들

- **어법(語法):** [언어] 말의 일정한 법칙 ≒ 말법
- **조합(調合):** 1. = 조미(調味) 2. 약재나 물감, 안료 따위를 일정한 비율로 알맞게 섞음
- **아래:** 1. 어떤 기준보다 낮은 위치 2. 신분, 연령, 지위, 정도 따위에서 어떠한 것보다 낮은 쪽 3. 조건, 영향 따위가 미치는 범위 4. 글 따위에서, 뒤에 오는 내용
- **만들다:** 4. 글이나 노래를 짓거나 문서 같은 것을 짜다

사전을 보면 '아래'를 네 가지 쓰임새로 적는데, 매우 엉성합니다. '언덕 아래', '하늘 아래', '햇빛 아래'나 '그늘 아래에서', '보호 아래에', '계획 아래'라든지 '명단은 아래와 같다', '아래를 참고하길'은 '언덕 밑', '하늘 밑', '햇빛 받으며'나 '그늘 밑에서', '보호 받으며', '계획으로'라든지 '명단은 다음과 같다', '다음을 참고하길'로 고쳐야 올바릅니다. 글은 '짓다·짜다·엮다·꾸미다'로 나타냅니다. 글은 '만들'지 않습니다.

- ● 번역어 네 개를 어법에 맞게 조합하면 **아래처럼 만들** 수 있다
- → 번역말 네 가지를 말결에 맞게 엮으면 **다음처럼 쓸** 수 있다
- → 번역말 넷을 말결에 맞추어 **다음처럼 손볼** 수 있다
- → 번역말 넷을 말결에 맞게 **이처럼 엮을** 수 있다

아웃소싱하게 만들·인소싱까지 유도한다

- **내밀(內密):** 어떤 일이 겉으로 드러나지 아니함
- **outsourcing:** (경제) 아웃소싱 (자체 인력·설비·부품 등을 이용해 하던 일을 비용 절감과 효율성 증대를 목적으로 외부 용역이나 부품으로 대체하는 것)
- **insourcing:** (경영) 내부 조달[제작], 내주(內注), 인소싱
- **유도(誘導):** 1. 사람이나 물건을 목적한 장소나 방향으로 이끎 ≒ 도유

영어사전은 'outsourcing·insourcing'을 "아웃소싱·인소싱"으로도 풀이하는데, '맡기기·스스로하기(손수하기)'로 알맞게 풀이할 수 있습니다. "우리의"에서 '-의'를 덜고, "내밀한 생활"은 '속살림·속내·속삶·깊은 삶'으로 손질합니다. "셀프 인증"이란 '스스로 밝힌'을 나타내겠지요

- 우리의 내밀한 생활까지 '셀프 인증'된 전문가에게 **아웃소싱하게 만들** 뿐 아니라, 책임의 **'인소싱'까지 유도한다**
- → '스스로 밝힌' 전문가한테 우리 속살림까지 **맡기게 할** 뿐 아니라, 뒷갈망을 '**내가 지게'까지 이끈다**
- → '스스로 밝힌' 전문가한테 우리 속내까지 **맡길** 뿐 아니라, 뒷일을 '**우리가 지게'까지 이끈다**

애착심을 가진 지역주민의 공원관리 참여

- **지역(地域):** 2. 전체 사회를 어떤 특징으로 나눈 일정한 공간 영역
- **애착심(愛着心):** 몹시 사랑하거나 끌리어서 떨어질 수 없는 마음
- **관리(管理):** 2. 시설이나 물건의 유지, 개량 따위의 일을 맡아 함
- **참여(參與):** 1. 어떤 일에 끼어들어 관계함 ≒ 참예(參預)
- **주민(住民):** 1. 일정한 지역에 살고 있는 사람
- **자긍심(自矜心):** 스스로에게 긍지를 가지는 마음

몹시 사랑하는 마음을 한자말로 '애착심'이라 한다지만, 말뜻대로 '사랑'이라 하면 됩니다. 번역 말씨 '지역에 애착심을 가진다'는 '마을을 사랑한다'나 '마을을 아낀다'로 손보거나 '마을을 사랑하려는'이나 '마을을 아끼려는'처럼 말끝을 살짝 바꾸어 봅니다. '마을을 사랑해 마지않는'이나 '마을을 더없이 사랑하는'이나 '마을을 대단히 아끼는'이나 '마을을 살뜰히 아끼는'처럼 꾸밈말을 넣어도 됩니다. "지역주민의 공원관리 참여는"에서 '참여'가 임자말이 되니 글짜임을 통째로 고치고, "의식을 갖게 한다" 같은 번역 말씨는 털어냅니다.

- ● 지역과 공원에 **애착심을 가진 지역주민의 공원관리 참여**는 주민에게 자긍심과 만족감, 그리고 책임감과 공동체 의식을 갖게 한다
- → 마을과 공원을 **사랑하는 마을사람**이 함께 공원을 **가꾸면** 마을사람 스스로 보람과 기쁨과 책임감과 두레얼을 누린다
- → 마을을 **살뜰히 아끼는 마을사람**이 공원을 **함께** 돌보면 마을사람 스스로 보람과 기쁨과 책임감과 두레넋을 느낀다

양도받았습니다

- **양도(讓渡):** 1. 재산이나 물건을 남에게 넘겨줌 2. [법률] 권리나 재산, 법률에서의 지위 따위를 남에게 넘겨줌. 또는 그런 일. '넘겨주기'로 순화
- **넘겨받다:** 물건, 권리, 책임, 일 따위를 남으로부터 받아 맡다

'넘겨줌'을 뜻하는 한자말 '양도'요, "넘겨주기"로 고쳐쓰라는 뜻풀이까지 있습니다. 그러니 한자말 '양도'를 '양도받다' 같은 꼴로 쓰면 얄궂습니다. '넘겨주기를 받다(넘겨줌을 받다)'인 셈입니다. 줄 적에는 '넘겨주다'를 쓰고, 받을 적에는 '넘겨받다'를 쓰면 됩니다. 또는 '주다·받다'만 쓸 수 있고, '이어주다·이어받다'나 '물려주다·물려받다'를 쓸 수 있습니다.

- ● 거기는 문을 닫는 점포에서 싸게 **양도받았습니다**
- → 거기는 문을 닫는 가게에서 싸게 **받았습니다**
- → 거기는 문을 닫는 가게에서 싸게 **넘겨받았습니다**
- → 거기는 문을 닫는 가게에서 싸게 **이어받았습니다**
- → 거기는 문을 닫는 가게에서 싸게 **물려받았습니다**

언어 발달

- **언어(言語):** 생각, 느낌 따위를 나타내거나 전달하는 데에 쓰는 음성, 문자 따위의 수단
- **발달(發達):** 1. 신체, 정서, 지능 따위가 성장하거나 성숙함

학문을 하는 이들이 흔히 '언어 발달' 같은 말씨를 씁니다. '말이 발돋움한다'는 뜻입니다. 그러면 '발돋움하는 말'처럼 쓰면 됩니다. '피어나는 말'이나 '깨어나는 말'이나 '자라나는 말'이라 해도 어울립니다. '봇물처럼 터지는 말'이나 '눈부시게 자라나는 말'이라 해도 됩니다.

- **언어 발달**이 눈이 부시게 이루어지는 3살 무렵의 유아
- → **말**이 눈이 부시게 **피어나는** 세 살 무렵 아이
- → **말**이 눈이 부시게 **깨어나는** 세 살 무렵 아이
- → **말**이 눈이 부시게 **자라나는** 세 살 무렵 아이
- → **말**이 봇물처럼 눈부시게 **터지는** 세 살 무렵 아이

언어 속엔 살 속에

- **언어(言語):** 생각, 느낌 따위를 나타내거나 전달하는 데에 쓰는 음성, 문자 따위의 수단. 또는 그 음성이나 문자 따위의 사회 관습적인 체계
- **말:** 1. 사람의 생각이나 느낌 따위를 표현하고 전달하는 데 쓰는 음성 기호. 곧 사람의 생각이나 느낌 따위를 목구멍을 통하여 조직적으로 나타내는 소리를 가리킨다
- **내장(內藏):** 밖으로 드러나지 않게 안에 간직함

한자말 '언어'가 '음성, 문자 따위의 수단'이라고 한다면 '말글'로 손질할 만합니다. 또는 '말·말씀'이라고 하면 될 테고요. '내장'은 '속(안)에 간직함'을 가리키니 "살 속에 내장한"은 겹말입니다. 보기글은 '속'을 잇달아 쓰는데 둘 모두 덜어냅니다. 한국말에서는 '우리 말에는'이라 해도 '속'을 나타내기에 영어 'in'처럼 굳이 '우리 말(언어) 속에는'이라 하지 않습니다.

- 오늘날 우리 **언어 속엔 살 속에** 내장한 숨결이 없다
- → 오늘날 우리 **말글엔 살에** 깃든 숨결이 없다
- → 오늘날 우리가 **쓰는 말엔 살에** 스민 숨결이 없다

언어 조립의 수공품을 조작

- **치졸하다(稚拙-):** 유치하고 졸렬하다
- **유아(幼兒):** 2. = 어린아이
- **기교(技巧):** 기술이나 솜씨가 아주 교묘함. 또는 그런 기술이나 솜씨
- **극단적(極端的):** 2. 중용을 잃고 한쪽으로 크게 치우치는
- **실체(實體):** 1. 실제의 물체. 또는 외형에 대한 실상(實相)
- **조립(組立):** 여러 부품을 하나의 구조물로 짜 맞춤. 또는 그런 것. '짜기', '짜 맞추기'로 순화
- **조작하다(造作-):** 1. 어떤 일을 사실인 듯이 꾸며 만들다 2. 진짜를 본떠서 가짜를 만들다 3. 지어서 만들다
- **경향(傾向):** 1. 현상이나 사상, 행동 따위가 어떤 방향으로 기울어짐

"치졸한 유아의 시늉을 하는"이라 하면 아이가 '치졸'하다고 읽힐 만하니 '아이 시늉을 어설피 하는'으로 손봅니다. "기교"는 '솜씨'나 '재주'로, "극단적으로 실체를 떠난"은 '삶을 아주 벗어난'으로, "언어 조립의 수공품을 조작해 내는"은 '말을 꾸며냈다고'로 단출히 손볼 만합니다. "경향이 있는 것이다"는 '-고 할 만하다'로 살포시 손봅니다.

- 치졸한 유아의 시늉을 하는 동시도 따지고 보면 그 모두가 이런 부질없는 기교로 설명될 수 있지만, 한편 극단적으로 실체를 떠난 **언어 조립의 수공품을 조작**해 내는 경향이 있는 것이다
→ 아이 시늉을 어설피 하는 동시도 따지고 보면 모두 이런 부질없는 솜씨라 할 수 있지만, 참모습을 아주 떠나서 **꾸며낸 말엮기라고** 할 만하다
→ 아이 시늉을 바보스레 하는 동시도 따지고 보면 모두 이런 부질없는 솜씨일 수 있지만, 무엇보다 삶을 아주 벗어난 채 **말을 꾸며냈다고** 할 만하다

-에 대한 애정을 키웠다

- **대하다(對-):** 3. ('대한', '대하여' 꼴로 쓰여) 대상이나 상대로 삼다
- **애정(愛情):** 1. 사랑하는 마음

마음속에서 차근차근 자라도록 사랑이나 믿음을 키울 수 있으리라 생각합니다. 그런데 번역 말씨 '-에 대한'에다가 '애정'이라는 한자말을 엮어 "식물학에 대한 애정을 키웠다"라고 하니 얄궂습니다. 이 글월은 '식물학을 사랑해 왔다'라든지 '식물학을 조금씩 사랑해 왔다'라든지 '식물학을 차근차근 사랑했다'라든지 '식물학을 차츰차츰 사랑했다'처럼 적어야 알맞습니다. 또는 '식물학을 사랑하는 마음을 키웠다'로 적어 볼 만합니다.

- ● 아버지는 어려서부터 식물학에 대한 애정을 키웠다
- → 아버지는 어려서부터 식물학 **사랑을 키웠다**
- → 아버지는 어려서부터 식물학**을 사랑했다**
- → 아버지는 어려서부터 식물학**을 사랑해 왔다**
- → 아버지는 어려서부터 식물학**을 사랑해 마지 않았다**
- → 아버지는 어려서부터 식물학**을 차츰차츰 사랑했다**
- → 아버지는 어려서부터 식물학**을 꾸준히 사랑했다**

-에 대해

- **연애(戀愛):** 남녀가 서로 그리워하고 사랑함
- **계속하다(繼續-):** 1. 끊지 않고 이어 나가다
- **결혼하다(結婚-):** 남녀가 정식으로 부부 관계를 맺다
- **대하다(對-):** 3. 대상이나 상대로 삼다
- **감정(感情):** 어떤 현상이나 일에 대하여 일어나는 마음이나 느끼는 기분
- **관찰하다(觀察-):** 사물이나 현상을 주의하여 자세히 살펴보다 ≒ 찰관하다

사랑은 '사랑'이라 하면 되고, 이을 적에는 '잇다'라 하면 됩니다. 일본 한자말인 '결혼'은 '혼인'으로 손볼 만한데, '함께살다·같이살다'나 '짝짓다'로 손볼 수 있습니다. 보기글은 번역 말씨인 '-에 대해'를 세 겹으로 씁니다만, 모두 '-을'로 고쳐쓸 수 있고, '-을'을 한 번만 넣을 수 있습니다.

● 연애를 계속하려면 결혼하지 말아야 한다. 살**에 대해** 감정**에 대해** 말**에 대해** 관찰하라

→ 사랑을 이으려면 혼인하지 말아야 한다. 살**을** 느낌**을** 말**을** 살펴보라

→ 사랑을 이어가려면 함께살지 말아야 한다. 살**이며** 마음**이며** 말**을** 지켜보라

→ 꾸준히 사랑하려면 짝짓지 말아야 한다. 살 마음 말**을** 바라보라

-에서의 큰 그림에 대한·-의 태도

- **상당하다(相當-):** 2. 어느 정도에 가깝거나 알맞다 4. 수준이나 실력이 꽤 높다 5. 어지간히 많다. 또는 적지 아니하다
- **허세(虛勢):** 실속이 없이 겉으로만 드러나 보이는 기세
- **희망적(希望的):** 1. 어떤 일을 이루거나 하기를 바라는 2. 앞으로 잘될 가능성이 있는
- **사고(思考):** 1. 생각하고 궁리함 2. [심리] 심상이나 지식을 사용하는 마음의 작용 3. [철학] = 사유(思惟)

영어에서 'about'이나 'at'이나 'of'를 곧이곧대로 옮겨서는 한국말답지 않습니다. '임자말 + (꾸밈말) + 풀이말'이라는 한국말 짜임새를 헤아릴 노릇입니다. '(1)에서의 (2)에 대한 (3)의 태도에 (4)가 많은 것이 사실이었다' 같은 직역 말씨를 하나씩 뜯되 큰 틀로 아울러 '(3)은 (4)로 (1)에서 (2)을 보았다'나 '(3)은 (1)에서 (4)로 (2)을 보았다'쯤으로 손질할 만합니다.

- 중앙아시아**에서의 큰 그림에 대한** 러시아**의 태도**에는 상당한 허세와 희망적 사고가 많은 것이 사실이었다
→ 러시아**는** 무척 부풀린 꿈으로 중앙아시아**에서 큰 그림을** 보았다
→ 러시아**는** 중앙아시아**라는 큰 그림을** 무척 부푼 꿈으로 바라보았다

역시 점차·유엔의 비판을

- **역시(亦是):** 1. = 또한 2. 생각하였던 대로 3. 예전과 마찬가지로 4. 아무리 생각하여도
- **점차(漸次):** 1. 차례를 따라 진행됨 2. 차례를 따라 조금씩
- **비판(批判):** 1. 현상이나 사물의 옳고 그름을 판단하여 밝히거나 잘못된 점을 지적
- **−한테서:** (구어적으로) 어떤 행동을 일으킨 대상임을 나타내는 격 조사
- **−에게서:** 어떤 행동의 출발점이나 비롯되는 대상임을 나타내는 격 조사

한자말 '역시'는 '= 또한'을 가리키니 '또한'으로 손질하면 되는데, '−도'로 손질해도 됩니다. '점차' 같은 한자말은 '차츰·조금씩·꾸준히'로 손질할 만하고, "유엔의 비판을 받았다"에 나오는 '−의'는 '−한테서/−에게서'를 넣을 자리에 끼어들었습니다. 또는 '유엔이 비판했다'나 '유엔이 나무랐다'로 손질할 수 있습니다.

- 프랑스 기지들 **역시 점차** 소련과 **유엔의 비판을** 받았다
- → 프랑스 기지들**도 차츰** 소련과 **유엔한테서 손가락질을** 받았다
- → 프랑스 기지들**도 차츰** 소련과 **유엔이 지청구를** 했다
- → 프랑스 기지들**도 차츰** 소련과 **유엔이 나무랐다**

연일 장사진을 이루는·뮤지엄과는 대조적으로

- **연일(連日):** 1. 여러 날을 계속함 ≒ 누일·적일(積日) 2. 여러 날을 계속하여
- **장사진(長蛇陣):** 1. 많은 사람이 줄을 지어 길게 늘어선 모양을 이르는 말 ≒ 장사(長蛇)
- **museum:** 박물관, 미술관
- **대조적(對照的):** 서로 달라서 대비가 되는
- **한산하다(閑散-):** 1. 일이 없어 한가하다 2. 인적이 드물어 한적하고 쓸쓸하다

'장사진'이 '긴 뱀 같은 모습'을 가리키는 줄 얼마나 알까요? '줄짓다'나 '길게 늘어서다'나 '사람으로 물결치다'로 손질해 봅니다. 영어 '뮤지엄'은 '박물관'으로 손봅니다. '-과 대조적 으로'는 '-에 대면'이나 '-과 다르게'로 손질하고, "주변은 한 산하기만"은 '둘레는 조용하기만'으로 손질합니다.

- 수많은 사람들로 인해 **연일 장사진을 이루는** 셜록 홈스 **뮤지엄과는 대조적으로** 환자가 단 한 명도 찾아오지 않았던 그때처럼 지금도 이 집 주변은 한산하기만 하다
- → 숱한 사람들로 **날마다 물결치는** 셜록 홈스 **박물관에 대면** 환자가 딱 한 사람도 찾아오지 않던 그때처럼 오늘도 이 집 둘레는 조용하기만 하다
- → 숱한 사람들로 **늘 넘실거리는** 셜록 홈스 **박물관과는 다르게** 환자가 고작 하나도 찾아오지 않던 그때처럼 오늘도 이 집 언저리는 한갓지기 만 하다

영양을 보충하고

- **탕(湯):** 1. '국'의 높임말 2. 제사에 쓰는, 건더기가 많고 국물이 적은 국. 소탕, 어탕, 육탕 따위가 있다
- **영양(營養):** [생물] 생물이 살아가는 데 필요한 에너지와 몸을 구성하는 성분을 외부에서 섭취하여 소화, 흡수, 순환, 호흡, 배설을 하는 과정. 또는 그것을 위하여 필요한 성분
- **보충(補充):** 1. 부족한 것을 보태어 채움 ≒ 충보(充補)
- **잠시(暫時):** 짧은 시간 ≒ 수유(須臾)·일삽시·편시(片時)
- **휴식(休息):** 하던 일을 멈추고 잠깐 쉼
- **취하다(取-):** 2. 자기 것으로 만들어 가지다

한자말 '탕'을 높임말로 다루는 사전이 얄궂습니다. 한자말은 그저 한자말입니다. '매운탕'은 '매운찌개·매운국'으로 손봅니다. 이 글월에서 "영양을 보충하고"는 '배불리 먹고'나 '배를 채우고'로 손질하고, "잠시 휴식을 취해서"는 '살짝 쉬면서'나 '가볍게 쉬어서'로 손질해 줍니다.

- 늦게나마 매운탕으로 **영양을 보충하고** 정자에서 잠시 휴식을 취해서
→ 늦게나마 매운찌개로 **배를 채우고** 정자에서 살짝 쉬면서
→ 늦게나마 매운국으로 **배불리 먹고** 정자에서 가볍게 쉬어서

영혼의 본질을 파헤침으로써

- **육신(肉身)**: 1. = 육체(肉體)
- **영혼(靈魂)**: 1. 죽은 사람의 넋 2. 육체에 깃들어 마음의 작용을 맡고 생명을 부여한다고 여겨지는 비물질적 실체
- **본질(本質)**: 1. 본디부터 가지고 있는 사물 자체의 성질이나 모습
- **–으로써**: 4. 어떤 일의 이유를 나타내는 격 조사
- **이해하다(理解-)**: 2 깨달아 알다. 또는 잘 알아서 받아들이다

사전은 '–으로써'에 넷째 뜻을 달아 놓지만 이는 번역 말씨로, 털어낼 뜻풀이입니다. "파헤침으로써"는 '파헤치면서'로 고칩니다. 마음이나 넋은 '몸에' 있다고 하지, '몸속에' 있다고 하지 않습니다. 생각은 '하'지요 '가지'지 않습니다. "생각을 가졌어요"도 번역 말씨입니다.

- 육신 속에 있는 **영혼의 본질을 파헤침으로써** 인간을 이해할 수 있다는 생각을 가졌어요
- → 몸에 있는 **넋이 무엇인지를 파헤치면서** 사람을 읽을 수 있다고 생각했어요
- → 몸에 깃든 **마음이 어떠한가를 파헤치면서** 사람을 알 수 있다고 여겼어요
- → 몸에 서린 **넋이란 무언가를 파헤치면서** 사람을 헤아릴 수 있다고 보았어요

올바르고 정확한 인식을 하기

- **이분법적:** x
- **이분법(二分法):** 1. [논리] 논리적 구분의 방법. 그 범위에 있어서 서로 배척되는 두 개의 구분지(區分肢)로 나누는 경우이다
- **사고방식(思考方式):** 어떤 문제에 대하여 생각하고 궁리하는 방법이나 태도
- **정확하다(正確-):** 바르고 확실하다
- **인식(認識):** 사물을 분별하고 판단하여 앎

'정확한 인식을 하다'는 번역 말씨입니다. 한자말 '정확'하고 '인식'을 꼭 쓰고 싶다면 '정확히 인식을 하다'로 손볼 노릇입니다. "올바르고 정확한 인식"에서 한자말 '정확하다'는 '바르다'를 뜻하는 터라 겹말입니다. '올바로 알기'나 '제대로 살피기'나 '똑바로 헤아리기'나 '올바로 생각하기'나 '제대로 느끼기'로 손질해 줍니다. "이분법적 사고방식"은 '둘로 가르는 생각'으로 손봅니다.

- 이분법적인 사고방식에 갇히면 **올바르고 정확한 인식을 하기** 어렵습니다
- → 둘로 가르는 생각에 갇히면 **올바르게 알기** 어렵습니다
- → 둘로 금을 긋는 생각에 갇히면 **제대로 살피기** 어렵습니다
- → 둘로 쪼개는 생각에 갇히면 **똑바로 헤아리기** 어렵습니다

옷을 만들 원단을 재단하고 있었어요

- **식탁(食卓)**: 음식을 차려 놓고 둘러앉아 먹게 만든 탁자
- **원단(原緞)**: 모든 의류의 원료가 되는 천
- **재단(裁斷)**: 1. = 재결(裁決) 2. = 마름질

밥을 먹으려고 '밥상'에 둘러앉습니다. 손에 바늘을 쥐면 옷을 '짓는다'고 합니다. 기계에서 똑같이 척척 찍으면 옷도 '만들'지요. "원단을 재단하고 있었어요"는 오롯이 일본 말씨입니다. 한국 말씨는 '천을 마름했어요'이고, '천을 잘랐어요'라 해도 어울립니다.

- 나는 식탁에서 **옷을 만들 원단을 재단하고 있었어요**
- → 나는 밥상에서 **옷을 지을 천을 마름했어요**
- → 나는 밥상맡에서 **옷을 지을 천을 잘랐어요**

완벽한 형태의 약속 이행

- **완벽하다(完璧-):** 결함이 없이 완전하다
- **형태(形態):** 1. 사물의 생김새나 모양
- **이행(履行):** 1. 실제로 행함

'약속 이행'이란 '말한 대로 하기'를 나타냅니다. '한 말을 지킨다'거나 '다짐을 따른다'고도 할 수 있습니다. "완벽한 형태"란 '빈틈없'거나 '꼼꼼한' 모습이겠지요. 보기글에서는 '다짐을 고스란히 따른다'나 '다짐을 그대로 지킨다'나 '말한 대로 모두 한다'쯤으로 손볼 만합니다.

- ● **완벽한 형태의 약속 이행**이라고 할 수는 없지만
- → **말한 대로 빈틈없이 한다**고 할 수는 없지만
- → **말한 대로 고스란히 지킨다**고 할 수는 없지만
- → **제대로 다짐을 따른다**고 할 수는 없지만
- → **한 말을 꼼꼼히 지킨다**고 할 수는 없지만

완전한 동의를 얻어낼 수 있을 것이다

- **완전하다(完全-):** 필요한 것이 모두 갖추어져 모자람이나 흠이 없다
- **동의(同意):** 1. 같은 의미 2. 의사나 의견을 같이함 3. 다른 사람의 행위를 승인하거나 시인함
- **구하다(求-):** 1. 필요한 것을 찾다. 또는 그렇게 하여 얻다 2. 상대편이 어떻게 하여 주기를 청하다

'동의를 구하다' 같은 일본 말씨를 쓰는 분이 제법 있으나, 보기글은 '구하다'를 '얻다(얻어내다)'로 손질해 주었습니다. 그러나 "누구에게서나 동의를 얻어낼 수 있을 것이다"도 썩 매끄럽지 않습니다. '누구나 동의하리라'로 단출히 손볼 만하고, '누구나 받아들이리라'로 더 손볼 만합니다. "완전한"은 '아주'로 손볼 만한데 이 글월에서는 "완전한" 앞에 "쉽게"가 있기에 털어내면 글이 더 매끄럽습니다. 말끝을 늘어뜨리는 "-을 것이다"는 단출히 손봅니다.

- 라틴어 1학년생 누구에게서나 쉽게 **완전한 동의를 얻어낼 수 있을 것이다**
- → 라틴말 1학년생 누구나 쉽게 **고개를 끄덕이리라**
- → 라틴말 1학년생 누구나 쉽게 **받아들이리라**

요지의 성명서 초안을 작성했다

- **요지(要旨):** 말이나 글 따위에서 핵심이 되는 중요한 내용
- **성명서(聲明書):** 정치적·사회적 단체나 그 책임자가 일정한 사항에 대한 방침이나 견해를 공표하는 글이나 문서
- **초안(草案):** 1. 초를 잡아 적음. 또는 그런 글발 2. 애벌로 안(案)을 잡음. 또는 그 안. '첫 안'으로 순화
- **작성(作成):** 1. 서류, 원고 따위를 만듦

'요(要-)'를 붙인 낱말은 거의 일본에서 왔다고 할 수 있습니다. '중요(重要)'를 뜻한다고 하는데, 이 말은 '귀중하고 요긴함'입니다. 꼬리에 꼬리를 물고 보면 '큰·대단한·대수로운·뜻있는·값진'으로 이어집니다. '요지 + 의'는 '줄거리·얘기·뜻'으로 손볼 만합니다. "성명서 초안 작성"은 '뜻을 밝히는 글에서 밑글을 썼다'일 텐데 '알림글을 한번 썼다'로 손질합니다.

- 오래된 숲은 모두 보호해야 한다는 **요지의 성명서 초안을 작성했다**
- → 오래된 숲은 모두 돌봐야 한다는 **줄거리로 알림글을 한번 꾸렸다**
- → 오래된 숲은 모두 지켜야 한다는 **뜻을 담은 알림글을 한번 썼다**

용어를 사용할 것이다

- **용어(用語):** 일정한 분야에서 주로 사용하는 말. '쓰는 말'로 순화
- **사용(使用):** 1. 일정한 목적이나 기능에 맞게 씀 2. 사람을 다루어 이용함. '부림', '씀'으로 순화

'용어'도 '사용'도 고쳐쓸 한자말이지만, 막상 두 한자말을 묶어서 쓰는 분이 꽤 많습니다. 앞으로는 찬찬히 고쳐쓸 수 있기를 바랍니다. '말을 쓰'거나 '말을 하'면 됩니다. '낱말을 쓰'거나 '이름을 쓰'거나 '이름을 붙이'면 됩니다.

- ● 미생물이라는 **용어를 사용할 것이다**
- → 미생물이라는 **말을 쓰겠다**
- → 미생물이라는 **낱말을 쓸 생각이다**
- → 미생물이라는 **이름을 쓰려 한다**
- → 미생물이라고 **하려 한다**

우리말을 사용하도록 노력해야 할 것

- **위하다(爲-)**: 1. 이롭게 하거나 돕다
- **사용(使用)**: 1. 일정한 목적이나 기능에 맞게 씀 2. 사람을 다루어 이용함. '부림', '씀'으로 순화
- **노력하다(努力-)**: 목적을 이루기 위하여 몸과 마음을 다하여 애를 쓰다
- **것**: 5. 말하는 이의 전망이나 추측, 또는 주관적 소신 따위를 나타내는 말

누구를 도울 적에는 '위하다'가 아닌 '돕다'를 쓰면 됩니다. 도울 적에는 '헤아리'거나 '생각하'는 마음이 깃듭니다. '쓰다'라 하면 되니 '사용하다'는 손질합니다. 마음이나 힘을 알맞게 쓰면 되고, '할 것 같다' 같은 말씨는 '할 듯하다'를 비롯해서 여러모로 손질해 볼 만합니다.

- 외국인 남편을 위해서라도 바르고 고운 **우리말을 사용하도록 노력해야 할 것** 같다
- → 외국인 곁님 때문이라도 바르고 고운 **우리말을 하도록 애써야 할 듯**하다
- → 외국인 곁님한테 도움이 되도록 바르고 곱게 **우리말을 써야**겠다
- → 외국인 곁님을 생각해서라도 바르고 곱게 **우리말을 써야**겠다
- → 외국인 곁님을 헤아려서라도 바르고 곱게 **우리말을 쓰려고** 한다
- → 외국인 곁님이 배우니 바르고 곱게 **우리말에 마음을 써야지** 싶다
- → 외국인 곁님이 들으니 바르고 곱게 **우리말에 마음을 기울여야지** 싶다

우리말이 지닌 특징이다

- **접속사(接續詞):** [언어] 1. = 접속 부사 2. = 접속어
- **사용(使用):** 1. 일정한 목적이나 기능에 맞게 씀 2. 사람을 다루어 이용함. '부림', '씀'으로 순화
- **병렬(竝列):** 1. 나란히 늘어섬. 또는 나란히 늘어놓음
- **구조(構造):** 1. 부분이나 요소가 어떤 전체를 짜 이룸. 또는 그렇게 이루어진 얼개
- **연결하다(連結-):** 1. 사물과 사물 또는 현상과 현상이 서로 이어지거나 관계를 맺다
- **형식(形式):** 1. 사물이 외부로 나타나 보이는 모양
- **지니다:** 3. 바탕으로 갖추고 있다

보기글에서 '접속사·연결'이 겹치고 '구조·형식'이 겹칩니다. '이음씨·이음말'을 넣어 '짜임새·얼개'로 '손보'거나 '손질'하면 '부드럽'거나 '매끄럽'습니다. 번역 말씨인 "우리말이 지닌 특징이다"는 '우리말이 이렇다'로 고쳐 줍니다.

- 접속사 '고'를 사용해 형용사를 부사로 바꾸면서 병렬구조로 만들어 자연스럽게 연결한 형식이다. **우리말이 지닌 특징이다**
- → 이음씨 '고'를 넣어 그림씨를 어찌씨로 바꾸면서 나란히 이어 부드럽게 손질했다. **우리말이 이렇다**
- → 이음말 '고'를 넣어 그림씨를 어찌씨로 바꾸면서 매끄럽게 손보았다. **우리말 짜임새가 이렇다**

우연을 가장한 필연

- **우연(偶然):** 아무런 인과 관계가 없이 뜻하지 아니하게 일어난 일
- **가장하다(假裝-):** 태도를 거짓으로 꾸미다
- **필연(必然):** 사물의 관련이나 일의 결과가 반드시 그렇게 될 수밖에 없음

한자말 '우연·필연'을 끝말로 맞추어서 쓰는 "우연을 가장한 필연"은 말놀이 삼아서 쓸 수 있다고 느끼지만, 먼저 '가장한'이 잘 와닿지 않습니다. 적어도 '우연으로 꾸민 필연'이나 '우연 같은 필연'으로 손보아 주어야지 싶습니다. 이다음으로 '우연으로 꾸민 일'이나 '우연처럼 찾아온 일'로 손볼 수 있습니다. '우연'이라는 낱말까지 더 손보고 싶다면 '뜻하지 않은 일은 없다'나 '뜬금없는 일은 없다'나 '날벼락 같은 일은 없다'나 '어쩌다 생긴 일은 없다'로 써 볼 만합니다.

- ● 세상에 우연은 없다는 말이 실감 났다. **우연을 가장한 필연**
- → 이 땅에 우연은 없다는 말을 바로 느꼈다. **우연처럼 꾸민 일**
- → 온누리에 어쩌다 생기는 일은 없는 줄 바로 느꼈다. **뜻하지 않은 척 반드시**
- → 살면서 뜻하지 않게 생기는 일은 없다는 말을 **뼈저리게** 느꼈다

원래부터 항상·존재했던 게 아닐까

- **원래(元來/原來):** = 본디
- **본디(本-):** 사물이 전하여 내려온 그 처음
- **항상(恒常):** 언제나 변함없이 ≒ 상상(常常)
- **존재(存在):** 1. 현실에 실제로 있음

'처음'을 가리키는 '본디'요, '본디'를 가리킨다는 '원래'이니 '원래·본디'는 '처음'으로 손봅니다. '항상'은 '언제나'를 가리키고 사전을 보면 "상상" 같은 비슷한말이 있다는데, 이런 한자말은 쓸 일이 없어요. 말뜻을 차분히 짚으면 생각을 알맞고 쉽게 가다듬을 수 있습니다.

- ● 흙은 **원래부터 항상** 그냥 그 자리에 **존재했던 게 아닐까** 하는 생각을
- → 흙은 **워낙 늘** 그냥 그 자리에 **있지 않았을까** 하는 생각을
- → 흙은 **처음부터 늘** 그냥 그 자리에 **있었으리라는** 생각을

위 문장

- **특징(特徵):** 1. 다른 것에 비하여 특별히 눈에 뜨이는 점
- **위:** 5. 글 따위에서, 앞에서 밝힌 내용
- **문장(文章):** 3. [언어] 생각이나 감정을 말과 글로 표현할 때 완결된 내용을 나타내는 최소의 단위

사전은 '위'를 글에서 '앞' 이야기를 받는다고 풀이하는데, 이는 일본 말씨입니다. 일본에서 글종이를 쓰면서 앞글을 '위'처럼 써 버릇하고, 이를 엉성하게 받아들이다가 그만 사전에까지 엉뚱한 뜻풀이가 실렸습니다. 한국 말씨에서는 '이'라고만 하면 됩니다. "위 문장"은 '보기글'로 손질해 주어도 됩니다.

- ● 이런 특징에 걸맞게 **위 문장**을 바꾸면
- → 이런 모습에 걸맞게 **보기글**을 바꾸면
- → 이에 걸맞게 **이 글**을 바꾸면

위압적인 모욕 발언이 가한 강철의 손톱

- **위압적(威壓的)**: 위엄이나 위력 따위로 압박하거나 정신적으로 억누르는
- **모욕(侮辱)**: 깔보고 욕되게 함
- **발언(發言)**: 말을 꺼내어 의견을 나타냄. 또는 그 말 ≒ 발어(發語)
- **가하다(加-)**: 2. 어떤 행위를 하거나 영향을 끼치다
- **강철(鋼鐵)**: 1. [공업] 탄소의 함유량이 0.035~1.7%인 철 ≒ 강·스틸(steel)·철강 2. 아주 단단하고 굳센 것을 비유적으로 이르는 말

"강철의 손톱"은 강철로 된 손톱이 아닌 아주 단단한 손톱이라는 뜻일 테니 '무쇠 손톱'으로 손볼 만합니다. "위압적인 모욕 발언"이란 '윽박지르며 헐뜯는 말'일 테지요. '헐뜯는 말'은 '무쇠 손톱'을 '가할' 수 없습니다. 헐뜯는 말로' 무쇠 손톱을 '휘두른다'고 해야 알맞습니다. "그게"는 '이 말'로 손보아야 하지만, 이 글월에서는 털어낼 적에 한결 매끄럽습니다.

- 그게 김희로에게는 고이즈미 유 형사의 **위압적인 모욕 발언이 가한 강철의 손톱**이다
- → 이는 김희로한테 고이즈미 유 형사가 **윽박지르며 헐뜯는 말로 휘두른 무쇠 손톱**이다
- → 김희로한테는 고이즈미 유 형사가 **으르렁대며 헐뜯는 무쇠 손톱** 같은 말이다

유백색(乳白色)의 백합조개

- **황금색(黃金色):** 황금의 빛깔과 같은 누런색
- **해변(海邊):** = 바닷가
- **유백색(乳白色):** 젖의 빛깔과 같이 불투명한 흰색 ≒ 유백(乳白)·젖색
- **백합(白蛤):** [동물] 백합과의 조개 ≒ 대합(大蛤)·대합조개·마당조개·무명조개·문합 (文蛤)·화합(花蛤)

일본 말씨 "황금색의 해변"은 '샛노란 바닷가'나 '누런 바닷 가'로 손봅니다. 엷게 누런 바닷가라면 '옅누렇다'라 할 수 있 습니다. '유백색'이라고만 적으면 못 알아볼까 싶어 '乳白色' 을 덧단들 알아보기 좋을까요? 한국말로 '젖빛' 한 마디라 하 면 됩니다. '백합'은 조개를 가리키는 이름이기에 '백합조개' 라 하면 겹말입니다. '대합조개'도 틀린 말이지요. 한국말 '마 당조개·무명조개'로 고쳐씁니다.

- ● 엷은 황금색의 해변에서 **유백색(乳白色)의 백합조개**를 주웠다
- → 엷게 샛노란 바닷가에서 **젖빛 마당조개**를 주웠다
- → 옅누런 바닷가에서 **젖 빛깔 무명조개**를 주웠다

육신의 거북함이 예민하게 느껴졌다

- **육신(肉身):** 1. = 육체(肉體)
- **육체(肉體):** 구체적인 물체로서 사람의 몸 ≒ 육(肉)·육신(肉身)
- **예민(銳敏):** 1. 무엇인가를 느끼는 능력이나 분석하고 판단하는 능력이 빠르고 뛰어남
  2. 어떤 문제의 성격이 여러 사람의 관심을 불러일으킬 만큼 중대하고 그 처리에 많은
  갈등이 있는 상태에 있음

'육신·육체'는 '몸'으로 손볼 만합니다. 보기글을 살피면 첫
머리에 "온몸"이라 나오니 겹말인 얼거리입니다. 그런데 "육
신의 거북함"을 '몸의 거북함'으로 손보더라도 얄궂습니다.
'몸이 거북하다'로 더 손봅니다. "예민하게 느껴졌다"는 번역
말씨이니 '날카롭게 느낀다'로 손볼 만하지만 앞말하고 묶어
'몹시 거북하다'라고 단출하게 손보면 한결 낫습니다.

- 온몸이 물 먹은 솜처럼 무거웠다. **육신의 거북함이 예민하게 느껴**
  졌다
- → 온몸이 물 먹은 솜처럼 무거웠다. **거북한 몸을 날카롭게 느낀다**
- → 온몸이 물 먹은 솜처럼 무거웠다. **몸이 거북하다고 낱낱이 느낀다**
- → 온몸이 물 먹은 솜처럼 무거웠다. **몹시 거북하다**

음식이 만들어진다

- **음식(飮食):** 사람이 먹을 수 있도록 만든, 밥이나 국 따위의 물건
- **만들다:** 1. 노력이나 기술 따위를 들여 목적하는 사물을 이루다
- **밥:** 1. 쌀, 보리 따위의 곡식을 씻어서 솥 따위의 용기에 넣고 물을 알맞게 부어, 낟알이 풀어지지 않고 물기가 잦아들게 끓여 익힌 음식 2. 끼니로 먹는 음식
- **짓다:** 1. 재료를 들여 밥, 옷, 집 따위를 만들다

'만들다'는 밥을 짓는 자리가 아닌, 공장에서 자동차를 '만든다'나 종이를 오려 장난감을 '만든다'처럼 씁니다. 밥을 마련할 적에는 '짓다'나 '하다'를 씁니다. 그런데 '짓다'를 사전에서 살피면 "밥, 옷, 집 따위를 만들다"로 풀이하니, 돌림풀이에다가 잘못된 말풀이입니다. 사전은 '음식'을 '밥'으로 풀이하고, '밥'을 '음식'으로 풀이하기까지 합니다. "음식이 만들어지다" 같은 번역 입음꼴 말씨는 '밥이 다 되다'로 손볼 만합니다.

- 부엌, 그리고 키친과 퀴진에서는 **음식이 만들어진다.** 이곳에는 **음식을 만들기 위한** 각종 시설들, 도구들이 가득 차 있다
- → 부엌, 키친, 퀴진에서는 **밥이 나온다.** 이곳에는 **밥을 지을 때 쓰는** 여러 살림과 세간이 가득 있다
- → 부엌과 키친과 퀴진에서는 **밥을 짓는다.** 이곳에는 **밥을 차릴 때 쓰는** 온갖 살림과 연장이 가득 있다
- → 부엌이나 키친·퀴진에서는 **밥을 한다.** 이곳에는 **밥을 할 때 쓰는** 온갖 살림과 연장이 가득 있다

–의 복잡하고 거대한 시간을 가지고 있다

- **복잡하다(複雜-):** 1. 일이나 감정 따위가 갈피를 잡기 어려울 만큼 여러 가지가 얽혀 있다 2. 복작거리어 혼잡스럽다
- **거대하다(巨大-):** 엄청나게 크다. '커다랗다', '크다'로 순화

시간은 '가지다'로 나타내지 않습니다. '시간이 있다'로 나타냅니다. 또는 시간을 '쓰다·보내다·누리다·살다'로 나타냅니다. "복잡하고 거대한 시간을 가지고 있다"는 무슨 뜻을 밝히려는 글일까요? 하루를 산다는 뜻인지, 하루를 누린다는 뜻인지, 하루를 품는다는 뜻인지, 또는 하루를 어떻게 한다는 뜻인지 또렷하면서 쉽게 고쳐써야지 싶습니다.

- ● 린망 시인은 중국의 복잡하고 거대한 시간을 가지고 있다
- → 린망 시인은 중국에서 어지럽고 큼지막한 하루를 산다
- → 린망 시인은 중국에서 복닥거리고 커다란 하루를 보낸다
- → 린망 시인은 중국에서 어수선하고 큰 하루를 누린다
- → 린망 시인은 중국에서 어수선하고 크나큰 하루를 품는다

–의 실체를 확인하기 위해·탐사한 결과

- **실체(實體):** 1. 실제의 물체. 또는 외형에 대한 실상(實相)
- **확인(確認):** 1. 틀림없이 그러한가를 알아보거나 인정함. 또는 그런 인정
- **위하다(爲-):** 3. 어떤 목적을 이루려고 하다
- **일대(一帶):** 일정한 범위의 어느 지역 전부
- **탐사(探査):** 알려지지 않은 사물이나 사실 따위를 샅샅이 더듬어 조사함 ≒ 사탐
- **결과(結果):** 1. 열매를 맺음. 또는 그 열매 ≒ 과(果) 2. 어떤 원인으로 결말이 생김. 또는 그런 결말의 상태
- **서식(棲息):** 생물 따위가 일정한 곳에 자리를 잡고 삶 ≒ 서숙(棲宿)
- **발견(發見):** 미처 찾아내지 못하였거나 아직 알려지지 아니한 사물이나 현상, 사실 따위를 찾아냄

'실체'는 참으로 있는 것을, '확인하다'는 '알아보다'를 가리키니 "–의 실체를 확인하기 위해"는 '–가 참으로 있는지 살피러'로, "수 년간"은 '여러 해'로, "일대를 탐사한 결과"는 '둘레를 다닌 끝에'로 손봅니다. "많은 개체수가 서식하는" 같은 번역 말씨는 '많이 사는 곳'으로 손보고, "발견했다"는 '찾았다'나 '찾아냈다'로 손봅니다.

- 세모배매미**의 실체를 확인하기 위해** 수 년간 강원 평창 대화면 일대를 **탐사한 결과**, 많은 개체수가 서식하는 곳을 발견했다
- → 세모배매미**가 참으로 있는지 살피러** 강원 평창 대화면 둘레를 여러 해 **다닌 끝에**, 꽤 많이 사는 곳을 찾았다
- → 세모배매미**가 참말 있는지 알아보러** 강원 평창 대화면 곳곳을 여러 해 **살펴서** 꽤 많이 있는 곳을 찾아냈다

−의 입장에 동의·씁쓸함을 안겨 주는 존재

- **입장(立場):** 당면하고 있는 상황. '처지(處地)'로 순화
- **당면하다(當面−):** 1. 바로 눈앞에 당하다 ≒ 당전하다
- **당하다(當−):** 1. 어떤 때나 형편에 이르거나 처하다
- **처지(處地):** 처하여 있는 사정이나 형편 ≒ 지처(地處)
- **처하다(處−):** 어떤 형편이나 처지에 놓이다
- **동의하다(同意−):** 1. 의사나 의견을 같이하다 2. 다른 사람의 행위를 승인하거나 시인하다

'입장'은 일본 한자말이라고 하는데, 말뜻에 나오는 '당면하다'는 '당하다'를 거쳐 '이르다·처하다'로 닿습니다. '처지'로 고쳐쓰라 하는데, 이 낱말은 "처지에 놓이다"를 뜻한답니다. 돌림·겹말풀이입니다. 사전풀이로는 알 수 없는 말뜻이지만 보기글에서는 '뜻·생각'을 나타내지 싶습니다. '−의'를 붙이고 '동의'라는 한자말로 이어진 글월은 '−의'를 털고 '반기다·달갑다'로 손질합니다. 번역 말씨인 "씁쓸함을 안겨 주는"은 '씁쓸한'으로 손보고, "존재"는 '일·것'으로 손봅니다.

- 스위스국민당**의 입장에 동의**하지 않는 이들에게는 다소 **씁쓸함을 안겨 주는 존재**가 되고 말았다
- → 스위스국민당 **뜻을 반기지** 않는 이들한테는 적이 **씁쓸한 일**이 되고 말았다
- → 스위스국민당 **생각이 달갑지** 않는 이들한테는 무척 **씁쓸한 것**이 되고 말았다

이것을 사용할 수 있는 건

- **이것:** 1. 말하는 이에게 가까이 있거나 말하는 이가 생각하고 있는 사물을 가리키는 지시 대명사
- **사용(使用):** 1. 일정한 목적이나 기능에 맞게 씀 2. 사람을 다루어 이용함. '부림', '씀'으로 순화

앞에서 바라보며 '이것'이라 할 수 있는데 '이것'이 무엇인지 모른다면 보기글처럼 한자말 '사용'으로 뭉뚱그리기 일쑤입니다. 다만 뭉뚱그리려 하더라도 '부리다'나 '쓰다'를 넣으면 한결 낫습니다. 보기글에서 '이것'이 '총알'을 가리킨다면 '이 총알은 로봇만 쏠'로 손볼 만합니다. 군말로 붙은 '것(있는 건)'은 알맞게 털어냅니다.

- ● 이것을 사용할 수 있는 건 로봇뿐이지요
- → **이것은** 로봇만 **다룰 수 있지요**
- → **이것은** 로봇만 **쏠 수 있지요**
- → **이 총알을 다룬다면** 로봇뿐이지요
- → **이 총알은** 로봇만 **쏠 수 있지요**
- → **이 총알은** 로봇이 **쏠 수 있지요**

이게 출판계 본연의 역할

- **세파(世波):** 모질고 거센 세상의 어려움
- **감동하다(感動-):** 크게 느끼어 마음이 움직이다
- **본연(本然):** 1. 인공을 가하지 아니한 본디 그대로의 자연 2. 본디 생긴 그대로의 타고 난 상태
- **역할(役割):** 1. 자기가 마땅히 하여야 할 맡은 바 직책이나 임무. '구실', '소임', '할 일' 로 순화

모질거나 거센 세상은 '모진 세상'이라 해도 되고 '모진 물결' 이나 '가시밭길'이라 할 수 있습니다. "독서를 통하여 감동하 고"란 '책을 읽어 가슴을 적시고'쯤 되겠습니다. "바로 이게" 는 '이는 바로'나 '바로 이를'로 손볼 만한데, "출판계 본연의 역할이어야 한다"하고 묶어서 '책마을은 바로 이 일을 해야 한다'로 더 손볼 수 있습니다.

- 세파에 시달리는 독자가 독서를 통하여 감동하고 힘을 얻어야 한다. 바로 **이게 출판계 본연의 역할**이어야 한다

→ 가시밭길에 시달리는 이가 책을 읽어 뭉클하고 힘을 얻어야 한다. **이는 바로 책마을이 맡은 몫**이다

→ 삶에 시달리는 이가 책으로 가슴을 적시고 힘을 얻어야 한다. 바로 **이를 책마을이 맡아야** 한다

→ 모진 물결에 시달리는 이가 책으로 기뻐하고 힘을 얻어야 한다. **책마을 은** 바로 **이 일을 해야** 한다

-이란 게 있다는 걸·알게 되었습니다

- **생일(生日)**: 세상에 태어난 날. 또는 태어난 날을 기념하는 해마다의 그날 ≒ 생세일
- **것**: 1. 사물, 일, 현상 따위를 추상적으로 이르는 말 2. 사람을 낮추어 이르거나 동물을 이르는 말 3. 그 사람의 소유물임을 나타내는 말 4. 말하는 이의 확신, 결정, 결심 따위를 나타내는 말 5. 말하는 이의 전망이나 추측, 또는 주관적 소신 따위를 나타내는 말 6. 명령이나 시킴의 뜻을 나타내면서 문장을 끝맺는 말

'것'을 잇달아 적는 말씨는 엉성합니다. "-이란 게 있다는 걸"은 '-이 있는 줄'로 손질합니다. "알게 되었습니다" 같은 입음꼴은 '알았습니다'처럼 제힘꼴로 손봅니다. 보기글에서는 '생일이 있는 줄'로 다듬으면 되는데, 조금 더 헤아려 '태어난 날을'로 적어 보아도 어울립니다.

- 생일**이란 게 있다는 걸** 일곱 살 때 처음 **알게 되었습니다**
- → 생일**이란 날이 있는 줄** 일곱 살 때 처음 **알았습니다**
- → 생일**이 있는 줄** 일곱 살 때 처음 **알았습니다**
- → 태어난 날을 일곱 살 때 처음 **알았습니다**

이별을 택했는데

- **이별(離別):** 서로 갈리어 떨어짐
- **택하다(擇-):** 여럿 가운데서 고르다

한국말 '헤어지다'를 한자말로 옮기면 '이별하다'입니다. 한국말로 '헤어짐'을 말할 적에 '헤어짐을 고른다'고 말하지 않습니다. 그냥 '헤어진다'나 '헤어지기로 한다'나 '헤어지자 했다'라 합니다. 한자말 '이별'을 꼭 쓰고 싶다면 '이별하기로 했다'나 '이별하자 했다'라 하면 되지요. 사랑을 고르고 헤어짐을 고르고 만남도 고를 수 있겠지만, 한국 말씨로는 '-하기로 한다'라 해야 알맞으면서 부드럽습니다.

- ● 좋은 마음보다 미운 마음이 커져서 **이별을 택했는데**
- → 좋은 마음보다 미운 마음이 커져서 **헤어지기로 했는데**
- → 좋은 마음보다 미운 마음이 커져서 **갈라서기로 했는데**
- → 좋은 마음보다 미운 마음이 커져서 **갈라서자고 했는데**
- → 좋은 마음보다 미운 마음이 커져서 **그만 만나자 했는데**

인간에 관한 가장 다양한 지식을 가진

- **관심(關心):** 어떤 것에 마음이 끌려 주의를 기울임. 또는 그런 마음이나 주의
- **심리(心理):** [심리] 1. 마음의 작용과 의식의 상태
- **인간(人間):** 1. = 사람
- **관하다(關-):** 말하거나 생각하는 대상으로 하다
- **다양하다(多樣-):** 모양, 빛깔, 형태, 양식 따위가 여러 가지로 많다
- **만들다:** 5. 규칙이나 법, 제도 따위를 정하다

때로는 '심리학'을 '마음'을 다루니 '마음 배우기'로, '학문'을 '배움·배움길'로 손보아도 어울립니다. 보기글에서 "인간"은 '사람'으로 손보고 "-에 관한"은 '-에 얽힌'이나 '-을 다루는'으로 손볼 만한데, '-을/-를'로 손볼 수 있습니다. "다양한 지식을 가진"은 '너른 지식을 품은'이나 '널리 살피는'으로 손질하고, "학문으로 만들었답니다"는 '학문으로 가꾸었습니다'나 '학문으로 일구었습니다'로 손질합니다.

- ● 이런 관심이 오늘날 심리학을 **인간에 관한 가장 다양한 지식을 가진** 학문으로 만들었답니다
- → 이런 눈길이 오늘날 심리학을 **사람과 얽혀 가장 너른 지식을 품은** 학문으로 이끌었답니다
- → 이런 마음이 오늘날 심리학을 **사람을 가장 넓게 바라보며** 배우는 길로 가꾸었답니다
- → 이런 눈이 오늘날 심리학을 **사람을 가장 널리 살피는** 배움길로 일구었답니다

일언의 언급

- **신진(新進):** 1. 어떤 사회나 분야에 새로 나섬. 또는 그런 사람
- **제군(諸君):** 통솔자나 지도자가 여러 명의 아랫사람을 문어적으로 조금 높여 이르는 이인칭 대명사 ≒ 제자(諸子)
- **발표(發表):** 어떤 사실이나 결과, 작품 따위를 세상에 널리 드러내어 알림. ≒표발
- **일언(一言):** 1. 한 마디의 말. 또는 한 번 한 말
- **언급(言及):** 어떤 문제에 대하여 말함 ≒ 언송(言送)

말을 할 적에는 '말을 하면' 됩니다. '일언'을 하거나 '언급'을 해야 할 까닭이 없습니다. 더욱이 "일언의 언급"은 겹말입니다. '한 마디 하다'로 고쳐 줍니다. "신진"이나 "제군"은 일본 한자말로 여길 만합니다. '새내기 여러분'이나 '새로운 분들'로 손봅니다. "-의 발표된 시"는 '-이 쓴 시'나 '-이 선보인 시'나 '-이 내놓은 시'로 손질합니다.

- ● 신진제군들의 발표된 시에는 **일언의 언급**이 없으매
- → 새로운 분들이 내놓은 시는 **한 마디**도 안 하매
- → 새내기 여러분이 쓴 시는 **한 마디**도 안 다루매

일용할 양식

- **일용(日用):** 날마다 씀
- **양식(糧食):** 1. 생존을 위하여 필요한 사람의 먹을거리
- **위하다(爲-):** 3. 어떤 목적을 이루려고 하다
- **대처(大處):** = 도회지(都會地)

종교를 이야기하는 자리에서는 '일용할 양식'이라는 말을 흔히 씁니다. 아무래도 오래된 번역 말씨인데, 오늘 우리가 쓰는 말씨로 새롭게 풀어내 주어야지 싶습니다. 이를테면 '날마다 먹을 밥'이나 '늘 먹는 밥'으로 옮길 만합니다. '입에 풀을 바를 밥'이나 '풀질할 밥'이라 할 수 있습니다. 수수하게 '끼니'라든지 '세끼'라든지 '하루 세끼'라 해도 됩니다. '도회지'를 뜻한다는 "대처"는 묵은 한자말이니 '도시'나 '서울'로 손봅니다.

- ● **일용할 양식** 위해 대처 언저리에서
- → **먹고살 밥** 벌러 도시 언저리에서
- → **날마다 먹을 밥** 벌러 서울 언저리에서
- → **풀질할 밥** 벌러 서울 언저리에서
- → **입에 풀바를 밥** 벌러 서울 언저리에서
- → **하루 세끼** 벌러 서울 언저리에서
- → **끼니** 벌러 서울 언저리에서

읽힘을 당하게 되겠구나

- **당하다(當-)**: 4. 어떤 사람에게 부당하거나 원하지 않는 일을 겪거나 입다

'읽힘을 당하다'를 곰곰이 생각해 봅니다. 듣고 싶지 않은 소리를 들어야 하는 자리에 있다면 '듣기 싫어도 듣'습니다. 이때에는 '억지로 듣는다'고 합니다. 셈틀을 켜서 인터넷을 여는데 그만 눈에 들어오는 어떤 글이 있으면 읽으려는 마음이 없으나 '읽기 싫은 글이 눈에 들어올' 수 있습니다. 이때에는 '억지로 읽는다'거나 '싫어도 읽는다'고 할 만합니다. 바라지 않는 일을 겪어야 하기에 입음꼴을 써서 '읽힘을 당하다'를 써 볼 수 있다고 여길 만하나 '읽혀지다'로 적어야 올바릅니다. 또는 '읽고 싶지 않아도 눈에 보이다'처럼 써 볼 수 있습니다.

- 누군가는 내 글을 보고 싶지 않을 텐데 **'읽힘을 당하게' 되겠구나** 하는 생각이 들었다
- → 누구는 내 글을 보고 싶지 않을 텐데 **'억지로 읽'겠구나** 하는 생각이 들었다
- → 누구는 내 글을 보고 싶지 않을 텐데 **'읽혀지'겠구나** 하는 생각이 들었다
- → 내 글을 안 보고 싶은 분도 있을 텐데 **'싫어도 읽'겠구나** 하는 생각이 들었다

입는 것이 제일·설령 취향·전혀 개의치

- **결국(結局):** [어찌씨] 일의 마무리에 이르러서. 또는 일의 결과가 그렇게 돌아가게
- **제일(第一):** 1. 여럿 가운데서 첫째가는 것 2. 여럿 가운데 가장
- **설령(設令):** 가정해서 말하여. 주로 부정적인 뜻을 가진 문장에 쓴다
- **취향(趣向):** 하고 싶은 마음이 생기는 방향. 또는 그런 경향
- **전혀(全-):** '도무지', '아주', '완전히'의 뜻을 나타낸다
- **개의(介意):** 어떤 일 따위를 마음에 두고 생각하거나 신경을 씀 ≒ 개회(介懷)

글 첫머리에 나오는 "결국"은 '곧·그러니까·다만·그래서·그런데'로 손볼 만합니다. "입는 것이 제일이라"는 '입으면 그만이라'나 '입으면 되니'나 '입으면 좋으니'로 다듬을 만하고, '설령·취향·전혀·개의'처럼 잇따르는 한자말은 쉽게 손볼 수 있습니다. 쉽게 쓰면 글월이 단출합니다.

- ● 결국 그 사람에게 어울리는 옷을 제대로 **입는 것이 제일**이라 **설령 취향**에 맞지 않더라도 **전혀 개의치** 않았습니다

- → 곧 그 사람한테 어울리는 옷을 제대로 **입으면 그만**이라 내 마음에 맞지 않더라도 **딱히 마음쓰지** 않았습니다

- → 다만 그 사람한테 어울리는 옷을 제대로 **입으면 되니** 내가 안 **좋아**하더라도 **그리 마음두지** 않았습니다

입장이 곤란한

- **입장(立場):** 당면하고 있는 상황. '처지(處地)'로 순화
- **처지(處地):** 처하여 있는 사정이나 형편
- **처하다(處-):** 어떤 형편이나 처지에 놓이다
- **곤란(困難):** 사정이 몹시 딱하고 어려움

'처지'로 고쳐쓸 '입장'이라는데, '처지'는 '처하다'로 이어지고, '처하다'는 다시 '처지'로 이어집니다. 알쏭달쏭합니다. 그렇지만 '처하다: 처지에 놓이다'로 풀이하기에 '입장'은 '놓인 자리'인 줄 헤아릴 만합니다. '곤란'은 '어려움'을 뜻하기에 "입장이 곤란한"은 '놓인 자리가 어려운'을 나타냅니다. 이는 '거북하다'고 할 만한 자리요, 말 그대로 '어렵다'거나 '힘들다'고 할 수 있습니다. 또는 '어쩔 줄 모르다'나 '몸 둘 바를 모르다'로 손질할 수 있습니다.

- 너무 그렇게 지극정성이면 **입장이 곤란한** 녀석도 있지 않아?
- → 너무 그렇게 알뜰하면 **거북해하는** 녀석도 있지 않아?
- → 너무 그렇게 살뜰하면 **힘들어하는** 녀석도 있지 않아?
- → 너무 그렇게 알뜰하면 **어쩔 줄 몰라 하는** 녀석도 있지 않아?
- → 너무 그렇게 살뜰하면 **몸둘 바를 모르는** 녀석도 있지 않아?

자신의 육체적 안녕을 도모하는 것

- **부조리(不條理):** 1. 이치에 맞지 아니하거나 도리에 어긋남. 또는 그런 일
- **육체적(肉體的):** 육체에 관련되는
- **육체(肉體):** 구체적인 물체로서 사람의 몸
- **안녕(安寧):** 1. 아무 탈 없이 편안함
- **도모(圖謀):** 어떤 일을 이루기 위하여 대책과 방법을 세움
- **시급하다(時急-):** 시각을 다툴 만큼 몹시 절박하고 급하다 ≒ 애바쁘다

몸은 '몸'이라 하면 됩니다. "자신의 육체적 안녕을 도모하는 것보다"는 '제 한몸(몸)이 잘살도록 꾀하기'로 손볼 만합니다. '내 몸이 튼튼하도록 마음을 쓰는 일'이겠지요. 이치에 안 맞는다 할 적에는 '엉터리·엉망·엉망진창'이라 해 볼 만합니다.

- 부조리로 가득한 세상에는 **자신의 육체적 안녕을 도모하는 것보다** 훨씬 시급하고 심각한 문제들이 수두룩했다
- → 엉터리로 가득한 나라에는 **제 몸을 건사하기보다** 훨씬 바쁘고 큰 말썽이 수두룩했다
- → 엉망으로 가득한 곳에는 **제 몸을 돌보기보다** 훨씬 바쁘고 큰 일이 수두룩했다
- → 엉망진창인 나라에는 **제 한몸 잘살기보다** 훨씬 바쁘고 커다란 일이 수두룩했다

자연과 일체·대지를 밟으며 노동

- **자연(自然):** 2. 사람의 힘이 더해지지 아니하고 저절로 생겨난 산, 강, 바다, 식물, 동물 따위의 존재. 또는 그것들이 이루는 지리적·지질적 환경
- **숲:** '수풀'의 준말
- **일체(一體):** 떨어지지 아니하는 한 몸이나 한 덩어리
- **대지(大地):** 1. 대자연의 넓고 큰 땅 2. 좋은 묏자리
- **노동하다(勞動-):** 1. [경제] 사람이 생활에 필요한 물자를 얻기 위하여 육체적 노력이나 정신적 노력을 들이는 행위를 하다 2. 몸을 움직여 일을 하다

사전을 보면 '숲'을 매우 좁은 뜻으로만 풀이하고 새로운 쓰임새를 담지 못합니다만, 'nature'나 '自然'은 '숲'으로 옮길 만하지 싶습니다. 그저 '수풀'을 줄인 낱말로만 '숲'을 바라보던 때는 지났습니다. 오늘날 '숲'은 지구라는 너른 별, 우리 마음자리, '책이 되어 준 나무'까지 아우릅니다. 숲이란 이런 곳이니까요. '숲이랑 하나'가 되기에 '땅을 밟'으면서 '일하는 사람'이 되겠지요.

- ● **자연과 일체**가 되고 **대지를 밟으며 노동**하는 사람들은
- → **숲하고 하나**가 되고 **땅을 밟으며 일**하는 사람은
- → **숲이랑 한몸**이 되고 **땅을 밟으며 일**하는 사람은

자의 반 타의 반

- **자의(自意):** 자기의 생각이나 의견
- **타의(他意):** 1. 다른 생각. 또는 다른 마음 2. 다른 사람의 생각이나 의견

'내 뜻'을 가리키는 한자말 '자의'요, '남 뜻'을 나타내는 '타의'입니다. 말뜻대로 '내 뜻 남 뜻'이라고 하면 한결 쉽습니다. 내 뜻하고 남 뜻이 반반 섞였다면 '이래저래'나 '여러모로'나 '이러구러'처럼 단출하게 써 볼 만해요. '스스로도 남 때문에도'처럼 써도 어울립니다.

- 그들 밑에서 일하는 임시직 노동자들은 **자의 반, 타의 반** 보험에 들지 않는다
- → 그들 밑에서 일하는 임시직 노동자들은 **스스로도 회사에서도** 보험에 들지 않는다
- → 그들 밑에서 일하는 임시직 노동자들은 **스스로도 회사도** 돈이 없어 보험에 들지 않는다
- → 그들 밑에서 일하는 임시직 노동자들은 **이래저래** 보험에 들지 않는다

저당 잡힌 인간의 시간에는 현재

- **자본(資本):** 1. 장사나 사업 따위의 기본이 되는 돈
- **저당(抵當):** 1. 맞서서 겨룸 ≒ 저적(抵敵) 2. 볼모로 삼음
- **인간(人間):** 1. = 사람
- **현재(現在):** 1. 지금의 시간
- **지금(只今):** 말하는 바로 이때
- **오늘:** 1. 지금 지나가고 있는 이날 ≒ 금일(今日)·당일 2. = 오늘날

"자본"은 '돈'으로, "저당"은 '볼모'로, "인간"은 '사람'으로 고쳐 줍니다. '현재 = 지금'이라 하는데, '오늘'을 '지금'이란 한자말을 써서 풀이하는 사전 얼거리를 보니, '현재·지금'은 '오늘'이나 '이때·이날'로 손볼 만하구나 싶습니다. 보기글은 '볼모 잡힌 사람한테는 오늘이 없다'로 손볼 만한데 '발목 잡힌'이나 '붙들린·사로잡힌·얽매인'으로 손보아도 됩니다. 또는 '얽매인 사람은 오늘이 없다'처럼 '−한테'를 줄여서 더 단출히 손볼 수 있어요.

- 자본에 저당 잡힌 인간의 시간에는 현재가 없다
- → 돈에 붙들린 사람한테는 오늘이라는 때가 없다
- → 돈에 발목 잡힌 사람한테는 오늘이 없다
- → 돈에 볼모 잡힌 사람한테는 오늘이 없다
- → 돈에 사로잡힌 사람은 오늘이 없다
- → 돈에 얽매인 사람은 오늘이 없다

적극적인 의미를 얻는다

- **자아(自我):** 1. [심리] 자기 자신에 대한 의식이나 관념
- **규정하다(規定-):** 3. 내용이나 성격, 의미 따위를 밝혀 정하다
- **소외(疏外):** 1. 어떤 무리에서 기피하여 따돌리거나 멀리함 2. [철학] = 자기 소외
- **자기소외(自己疏外):** [철학] 1. 헤겔의 변증법에서, 운동의 주체가 자기 본래의 모습에서 벗어나 대립되는 상황으로 변전(變轉)하는 일 ≒ 자기 외화. 인간이 자기의 본질을 상실하여 비인간적 상태에 놓이는 일 ≒ 소외(疏外)
- **적극적(積極的):** 대상에 대한 태도가 긍정적이고 능동적인
- **얻다:** 1. 거저 주는 것을 받아 가지다

"자아 규정의 정신"이란 '나'를 알아차리면서 바르게 '보'는 '마음'을 가리키는구나 싶습니다. 여느 자리에서는 '따돌림'인 '소외'는 철학에서는 "잃어버린 나"를 뜻하지 싶습니다. 번역 말씨 "의미를 얻는다"는 '뜻이 있다'로 손볼 만한데, 보기글에서는 '헤아린다'나 '느낀다'로 손봅니다.

- 페이지에서 눈으로 보아 자신을 알게 됨으로써 자신을 인정하게 될 것이다. 자아 규정의 정신과 더불어 소외가 새롭게 **적극적인 의미를 얻는다**

→ 글을 읽어 나를 알아차리면서 나를 받아들인다. 나를 보는 마음과 함께 '잃어버린 나'를 새롭게 **헤아린다**

→ 글을 읽고 나를 깨달으면서 나를 받아들인다. 나를 돌아보면서 '잃어버린 나'를 새롭게 **느낀다**

전주들의 잿빛·지붕의 낡은 주황색

- **아래:** 3. 조건, 영향 따위가 미치는 범위
- **명징(明澄):** 깨끗하고 맑음
- **심지어(甚至於):** 더욱 심하다 못하여 나중에는 ≒ 지어(至於)
- **전주(電柱):** = 전봇대

우리는 '햇빛 아래'에 있지 않습니다. '햇빛을 받'을 뿐입니다. 사전에는 무엇이 미치거나 끼칠 적에 '아래'를 쓴다고 적지만, 이는 번역 말씨이자 일본 말씨입니다. "전주"는 '전봇대'로, "전주들의 잿빛"은 '잿빛 전봇대'로, "지붕의 낡은 주황색"은 '낡은 귤빛 지붕'으로 손질합니다.

- 하얀 햇빛 아래 아무도 꿈꾼 적 없는 명징이여 심지어 **전주들의 잿빛**까지 **지붕의 낡은 주황색**까지
→ 하얀 햇빛에 아무도 꿈꾼 적 없는 맑음이여 더욱이 **잿빛 전봇대**까지 **낡은 귤빛 지붕**까지
→ 하얀 햇빛을 받으며 아무도 꿈꾼 적 없는 맑음이여 게다가 **잿빛 전봇대**까지 **낡은 귤빛 지붕**까지

정신의 딸꾹질이 따로 있는 게

- **색맹(色盲):** [의학] 색채를 식별하는 감각이 불완전하여 빛깔을 가리지 못하거나 다른 빛깔로 잘못 보는 상태 ≒ 색못보기·색소경
- **정신(精神):** 1. 육체나 물질에 대립되는 영혼이나 마음 ≒ 신사(神思) 2. 사물을 느끼고 생각하며 판단하는 능력 3. 마음의 자세나 태도

번역 말씨에 길들면 '(무엇)이 딸꾹질한다'를 '(무엇)의 딸꾹질'처럼 씁니다. "정신의 딸꾹질이 따로 있는 게 아니다"는 '딸꾹질하는 넋이 따로 있지 않다'나 '딸꾹질 마음씨가 따로 있지 않다'쯤으로 손볼 만합니다. '딸꾹질쟁이가 따로 있지 않다'나 '바보스런 딸꾹질이 따로 있지 않다'로 손보아도 됩니다.

- 여전히 어떤 색맹들께서는 자기 마음에 들지 않으면 이렇게 말한다. 종북, 종북, 종북. **정신의 딸꾹질이 따로 있는 게** 아니다

→ 아직도 어떤 눈먼이는 제 마음에 들지 않으면 이렇게 말한다. 종북, 종북, 종북. **딸꾹질하는 넋이 따로 있지** 않다

→ 아직도 어떤 빛먼이는 제 마음에 들지 않으면 이렇게 말한다. 종북, 종북, 종북. **바보스런 딸꾹질이 따로 있지** 않다

정신이라는 유구한 허구

- **실로(實-):** = 참으로
- **정신(精神):** 1. 육체나 물질에 대립되는 영혼이나 마음 ≒ 신사(神思) 2. 사물을 느끼고 생각하며 판단하는 능력 3. 마음의 자세나 태도
- **유구하다(悠久-):** 아득하게 오래다
- **허구(虛構):** 1. 사실에 없는 일을 사실처럼 꾸며 만듦

'정신과 육체'라 할 적에는 '마음과 몸'을 가리킵니다. "유구한 허구"는 '오래된 거짓'이나 '옛날 껍데기'를 한자말로 옮긴 말씨입니다. '참으로'로 고쳐쓸 "실로"이니, 이 얼거리를 살펴 보기글을 '참으로 오랜만에 마음이라는 옛 껍데기'로 손질할 만합니다.

- ● 실로 오랜만에 **정신이라는 유구한 허구**에 거기 쥐도 새도 모르게 사로잡히고 싶다
- → 참으로 오랜만에 **넋이라는 낡은 허울**에 거기 쥐도 새도 모르게 사로잡히고 싶다
- → 참말 오랜만에 **마음이라는 옛 껍데기**에 거기 쥐도 새도 모르게 사로잡히고 싶다

정오의 햇살이·잎 위에서

- **정오(正午):** 낮 열두 시. 곧 태양이 표준 자오선을 지나는 순간을 이른다 ≒ 상오(晌午)·오정(午正)·오중(午中)·정오(亭午)·정중(正中)·탁오(卓午)
- **방향(方向):** 1. 어떤 방위(方位)를 향한 쪽 2. 어떤 뜻이나 현상이 일정한 목표를 향하여 나아가는 쪽

낮 열두 시를 한자말로는 '정오'라 하고, 한국말로는 '한낮'이라 합니다. 사전을 보면 온갖 한자말을 비슷한말이라 덧달지만 모두 털어낼 노릇입니다. "정오의 햇살"은 '낮햇살'이나 '한낮햇살(한낮 햇살)'로 손질합니다. 햇살은 잎에 부딪혀서 튕긴다고 빗댈 수 있으니 "잎 위에서"가 아닌 '잎에서'로 손질하고, "방향"은 '길'이나 '갈 곳·갈 길'로 손질합니다.

- ● **정오의 햇살이** 푸른 억새 **잎 위에서** 튕겨 방향을 잃고
- → **한낮 햇살이** 푸른 억새 **잎에서** 튕겨 길을 잃고
- → **낮햇살이** 푸른 억새 **잎에서** 튕겨 갈 곳을 잃고

종언을 고하고

- **종언(終焉):** 1. 없어지거나 죽어서 존재가 사라짐 2. 계속하던 일이 끝장이 남
- **고하다(告-):** 1. 어떤 사실을 알리거나 말하다

'종언을 고하다'는 일본 말씨입니다. '끝을 알리다'를 뜻하지만 이 말씨가 깃든 자리를 살피면 '끝나다·끝장나다'로 손볼 만합니다. '마치다'나 '사라지다·없어지다'로 손보아도 됩니다.

- 보리밭 사이를 휘젓고 다니던 시절도 30~40년 전부터 **종언을 고하고** 이제는

→ 보리밭 사이를 휘젓고 다니던 때도 서른~마흔 해 앞서부터 **끝나고** 이제는

→ 보리밭 사이를 휘젓고 다니던 날도 서른~마흔 해 앞서부터 **사라지고** 이제는

좋은 영향을 미칠 수 있다

- **이용하다(利用-)**: 1. 대상을 필요에 따라 이롭게 쓰다 2. 다른 사람이나 대상을 자신의 이익을 채우기 위한 방편(方便)으로 쓰다
- **디톡스**: x
- **detox**: 1. (인체 유해 물질의) 해독 2. = detoxification(알코올[약물] 중독 치료)
- **이상적(理想的)**: 생각할 수 있는 범위 안에서 가장 완전하다고 여겨지는
- **방법(方法)**: 1. 어떤 일을 해 나가거나 목적을 이루기 위하여 취하는 수단이나 방식
- **영향(影響)**: 어떤 사물의 효과나 작용이 다른 것에 미치는 일

'디톡스'는 "해독"을 가리킨다고 하니 "—을 이용한 디톡스를 해 보는 것이"는 '—로 독을 빼면'으로 손볼 만합니다. "가장 이상적인 방법이며"는 '가장 나으며'나 '가장 좋으며'로 손봅니다. '영향'은 무엇을 '미치는' 일을 가리키니 "좋은 영향을 미칠 수 있다"라 하면 겹말입니다. 단출하게 '좋다'나 '좋을 수 있다'라 하면 됩니다.

- ● 코코넛 물을 이용한 디톡스를 해 보는 것이 가장 이상적인 방법이며, 건강에 **좋은 영향을 미칠 수 있다**
- → 코코넛물로 독을 빼는 길이 가장 나으며, **몸에도 좋다**
- → 코코넛물로 독을 빼면 가장 좋으며, **몸에도 낫다**

주된 고찰을 계속하기

- **주되다(主-):** 주장이나 중심이 되다
- **고찰(考察):** 어떤 것을 깊이 생각하고 연구함
- **계속하다(繼續-):** 1. 끊지 않고 이어 나가다 2. 끊던 행위나 상태를 다시 이어 나가다
- **설명(說明):** 어떤 일이나 대상의 내용을 상대편이 잘 알 수 있도록 밝혀 말함

"주된 고찰"이라면 '중심이 될 깊은 생각'일 텐데, '중심'은 깊이 있기 마련이니 겹말 얼거리라고 할 만합니다. '깊은 생각'으로 손보거나 '깊이 생각하기'로 손봅니다. 깊은 생각을 잇는다(계속한다)면 말 그대로 '깊은 생각을 잇기 앞서'로 또는 '생각을 깊이 이어가기 앞서'로 적을 수 있습니다. 보기글 뒤쪽에 "작은 설명(說明)을 해야 한다"가 나오는데, '설명'은 밝혀서 말하는 일을 가리키니 '작은 설명'이 아니라 '조금 설명을 해야'나 '살짝 설명을 해야'라 해야 알맞을 테지요. '조금 말해 주어야'나 '살짝 짚어 주어야'로 손볼 만하고, '작은 곳을 짚어야'나 '작은 곳부터 밝혀야'로 손볼 수 있습니다.

- ● 우리는 **주된 고찰을 계속하기**에 앞서 작은 설명을 해야 한다
- → 우리는 **큰 것을 다루기** 앞서 작은 것을 얘기해야 한다
- → 우리는 **큰 얘기를 잇기** 앞서 작은 얘기를 해야 한다
- → 우리는 **깊이 파고들기** 앞서 작은 곳을 짚어야 한다
- → 우리는 **깊이 생각해 보기** 앞서 작은 곳부터 밝혀야 한다

중요한 요소다

- **단순명쾌:** x
- **단순(單純):** 복잡하지 않고 간단함
- **명쾌(明快):** 1. 말이나 글 따위의 내용이 명백하여 시원하다
- **이해하다(理解-):** 2. 깨달아 알다. 또는 잘 알아서 받아들이다
- **중요하다(重要-):** 귀중하고 요긴하다
- **귀중하다(貴重-):** 귀하고 중요하다
- **요긴(要緊):** = 긴요
- **귀하다(貴-):** 구하거나 얻기가 아주 힘들 만큼 드물다
- **긴요하다(緊要-):** 꼭 필요하고 중요하다. '매우 중요하다'로 순화
- **요소(要素):** 1. 사물의 성립이나 효력 발생 따위에 꼭 필요한 성분. 또는 근본 조건

'중요한 요소'는 겹말인데, '중요 = 귀중 + 요긴'이고 '귀중 = 귀하다 + 중요'요, '요긴 = 긴요 = 중요'인 터라, '중요 = 귀하다 + 중요 + 중요'인 얼거리입니다. 말이 안 되는 뜻풀이입니다. "아주 중요한 요소다"는 '아주 크다'나 '꼭 있어야 한다'로 손보되, 흐름을 살펴 통째로 덜어낼 수 있습니다.

- 단순명쾌한 표현은 독자가 내용을 한눈에 이해하는데 아주 **중요한 요소다**
- → 쉬운 말은 읽는이가 줄거리를 한눈에 알도록 이끈다
- → 쉽게 써야 읽는이가 줄거리를 한눈에 알 수 있다
- → 쉽게 써야 누구나 줄거리를 한눈에 읽을 수 있다
- → 쉽게 써야 줄거리를 한눈에 헤아릴 수 있다

즉시 입주 가능

- **세(貰):** 1. 남의 건물이나 물건 따위를 빌려 쓰고 그 값으로 내는 돈
- **즉시(卽時):** 어떤 일이 행하여지는 바로 그때 ≒즉기시
- **입주(入住):** 1. 새집에 들어가 삶
- **가능(可能):** 할 수 있거나 될 수 있음

집을 빌리거나 빌려주는 자리에서 '입주·입주자'나 '입주 가능'을 으레 쓰는데, '들어가기·들어오기·들어오는 사람'이나 '들어올 수 있음·들어가면 됨'처럼 쉽게 손질할 만합니다. '즉시 입주 가능'은 '바로 들어가면 됨'이라 하면 됩니다. 집을 빌려서 쓸 적에는 '삯'을 낸다고 합니다.

- 으리으리한 집 2층 세놓음, 넓고 환한 방 2개, **즉시 입주 가능**, 모든 동물 환영
- → 으리으리한 집 2층 삯놓음, 넓고 환한 방 둘, **바로 들어올 수 있음**, 모든 짐승 반김
- → 으리으리한 집 2층 삯놓음, 넓고 환한 방 둘, **바로 들어오면 됨**, 모든 짐승 반김

진행 중인 글쓰기 작업

- **진행(進行):** 1. 앞으로 향하여 나아감 2. 일 따위를 처리하여 나감
- **중(中):** [매인이름씨] 2. 무엇을 하는 동안 3. 어떤 상태에 있는 동안 4. 어떤 시간의 한
  계를 넘지 않는 동안
- **작업(作業):** 1. 일을 함. 또는 그 일 2. 일정한 목적과 계획 아래 하는 일
- **결코(決-):** 어떤 경우에도 절대로

글을 쓰는 일을 '글쓰기'라 하니 "글쓰기 작업"이라 하면 겹
말입니다. 일을 한창 한다고 하는 '진행'에 '중'을 붙인 "진행
중"도 겹말입니다. 보기글에서는 '글을 쓴다'나 '글을 쓰는
일'이나 '글쓰기'처럼 단출하게 적으면 됩니다. "결코(決-)"는
'도무지'나 '썩'이나 '그다지'로 손질할 만합니다.

- ● **진행 중인 글쓰기 작업**은 결코 깃털이불처럼 가볍지 않다
- → **한창 하는 글쓰기**는 깃털이불처럼 그리 가볍지 않다
- → **한창 쓰는 글**은 깃털이불처럼 썩 가볍지 않다
- → **글을 쓰는 일**은 깃털이불처럼 도무지 가볍지 않다
- → **글쓰기**는 깃털이불처럼 그다지 가볍지 않다

쫑파티

- **쫑파티(-party):** 학기가 끝나거나 어떤 일이 끝난 것을 축하하기 위한 모임을 속되게 이르는 말
- **종강(終講):** 한 학기의 강의가 끝나거나 강의를 끝마침
- **책씻이(冊-):** 글방 따위에서 학생이 책 한 권을 다 읽어 떼거나 다 베껴 쓰고 난 뒤에 선생과 동료들에게 한턱내는 일

1960년대 대학생이 '종강파티'라 했고, 1970년대를 지나며 '쫑파티(終 + party)'로 바뀌는데, 배움자리를 마치는 잔치라면 '책씻이'란 말이 있습니다. 학교를 마치는 자리인 '졸업식'도 '책씻이'라 할 만하며, '학교씻이'도 어울려요. 어떤 일이 끝나는 자리를 기리면서 조촐히 도르리나 도리기를 한다면, '마침잔치·끝잔치'나 '마무리잔치·막날잔치·마감잔치'처럼 새말을 지을 만합니다. 방송국에서는 '방송씻이'라 하면 됩니다.

- 연말이라서 프로그램 **쫑파티**가 있었다
- → 한 해 끝이라서 방송**씻이**가 있었다
- → 해밑이라서 방송 **마침잔치**가 있었다
- → 한해넘이라서 방송 **끝잔치**가 있었다
- → 한 해 끝이라서 **마무리잔치**가 있었다
- → 해밑이라서 **막날잔치**가 있었다
- → 한해넘이라서 **마감잔치**가 있었다

창작하려는 자의 새로운 눈뜨기가 이루어져야

- **서사문학(敍事文學):** [문학] = 기록문학
- **기록문학(記錄文學):** [문학] 2. 다큐멘터리 수법으로 현실의 사건과 사실을 충실하게 묘사하고 기록하는 문학 형식 ≒ 르포·르포르타주·보고 문학
- **창작하다(創作-):** 2. 예술 작품을 독창적으로 지어내다
- **자(者):** '놈' 또는 '사람'이라는 뜻을 나타내는 말. 사람을 좀 낮잡아 이르거나 일상적으로 이를 때 쓴다
- **이루어지다:** 1. 어떤 대상에 의하여 일정한 상태나 결과가 생기거나 만들어지다

글쓰기나 글짓기를 한자로 '창작·문학 창작'이라 하지 않아도 됩니다. '쓰다·짓다'로 넉넉합니다. 글을 쓰는 사람은 '사람·이·분'으로 나타내면 되고, "새로운 눈뜨기가 이루어져야만 한다" 같은 번역 말씨는 '새로 눈을 떠야만 한다'나 '눈을 새롭게 떠야만 한다'로 손질합니다.

- 동화는 서사문학이라서 기본적으로는 소설 창작과 같은 맥락이지만, 독자 대부분이 어린이라는 점에서 **창작하려는 자의 새로운 눈뜨기가 이루어져야**만 한다

→ 동화는 꾸밈없이 적는 문학이라서, 밑바탕은 소설과 같다 할 만하지만, 읽는 사람이 거의 어린이인 만큼, **글을 쓰는 사람이 새로 눈을 떠야**만 한다

→ 동화는 꾸밈없이 쓰는 문학이라서, 바탕은 소설쓰기하고 같은 결이지만, 읽는 이가 거의 어린이인 만큼, **글을 쓰는 이가 눈을 새롭게 떠야**만 한다

코치를 동원해 프로필을 각색

- **프로필(profile):** 1. 인물의 약력. '약력', '인물 소개'로 순화 2. 측면에서 본 얼굴 모습
- **코치(coach):** 1. 지도하여 가르침 2. [운동] 운동 경기의 정신·기술·전술 따위를 선수들에게 지도하고 훈련시키는 일. 또는 그 일을 하는 사람
- **동원하다(動員-):** 1. 어떤 목적을 달성하고자 사람을 모으거나 물건, 수단, 방법 따위를 집중하다
- **각색하다(脚色-):** 1. 서사시나 소설 따위의 문학 작품을 희곡이나 시나리오로 고쳐 쓰다 2. 흥미나 강한 인상을 주기 위하여 실제로 없었던 것을 보태어 사실인 것처럼 꾸미다

'약력(略歷)'이나 '소개(紹介)'로 고쳐쓸 '프로필'은 '걸어온 길·해온 일'이나 '내 모습 알리기'를 가리킵니다. 이는 '발자취'나 '얼굴'이라 할 만합니다. 나를 알리면서 밝히는 말이라면 '얼굴말'이라 할 수 있습니다. "코치를 동원해 프로필을 각색하고"는 '도움을 받아 얼굴말을 손보고'나 '도움을 받아 얼굴말을 꾸미고'로 손질할 만합니다.

- ● 온라인 프로필이 그럴싸하면 혹시 오프라인 만남으로 이어지지 않을까 싶어 **코치를 동원해 프로필을 각색**하고
- → 누리집 얼굴이 그럴싸하면 설마 밖에서 만날 수 있을까 싶어 **도움을 받아 얼굴말을 꾸미고**
- → 누리집 얼굴이 그럴싸하면 설마 바깥만남으로 이어지지 않을까 싶어 **도움을 받아 얼굴말을 고치고**

큰 장점입니다

- **사이즈(size):** 신발이나 옷의 치수. '치수', '크기'로 순화
- **장점(長點):** 좋은 점. 보다 뛰어난 점 ≒ 장처(長處)·장소(長所)

"큰 장점입니다"는 번역 말씨입니다. 비슷한 얼개로 '작은 장점'을 헤아려 봐도 어정쩡합니다. 한국말로 '큰 좋은 점'이나 '작은 좋은 점'이라 하면 매우 어설픕니다. '크게 좋다'나 '작게 좋다'처럼 '-게'를 붙여야 알맞습니다. 한자말 '장점'을 쓰고 싶다면 '크게 장점입니다'라 하면 됩니다.

- 물건의 사이즈를 맞출 수 있는 것이 **큰 장점입니다**
→ 물건 크기를 맞출 수 있어 **크게 좋습니다**
→ 물건 크기를 맞출 수 있어 **한결 낫습니다**
→ 물건 크기를 맞출 수 있어 **매우 좋습니다**
→ 물건 크기를 맞출 수 있어 **무척 좋습니다**
→ 물건 크기를 맞출 수 있어 **참 좋습니다**

텍스트 안에서 이루어지는 사고의 분만

- **텍스트(text)** : 1. 주석, 번역, 서문 및 부록 따위에 대한 본문이나 원문. '원전(原典)'으로 순화 2. [언어] 문장보다 더 큰 문법 단위. 문장이 모여서 이루어진 한 덩어리의 글을 이른다
- **사고(思考)** : 1. 생각하고 궁리함 2. [심리] 심상이나 지식을 사용하는 마음의 작용 3. [철학] = 사유(思惟)
- **분만(分娩)** : = 해산(解産)

'메스'는 '수술칼'을 가리키니 "수술용 칼인 메스"라 하면 겹말입니다. 한자말 '자기(自己)'나 '자신(自身)'은 모두 '나'를 가리키니 '자기 자신'은 '나(내)'로 손보거나 '나 스스로'처럼 힘줌말을 씁니다. 영어로는 '텍스트'일 테지만 한국말로는 '글·글줄·글월·글발'입니다. "텍스트 안에서 이루어지는 사고의 분만"은 아주 번역 말씨인데 '글에서 생각이 태어난다'라고 단출히 손볼 만합니다.

- 글쓰기는 수술용 칼인 메스이자 자기 자신과 세상을 이해하는 도구이며 **텍스트 안에서 이루어지는 사고의 분만**이다
→ 글쓰기는 수술칼이자 나 스스로 온누리를 헤아리는 연장이며 **글줄에서 생각이 태어난다**
→ 글쓰기는 수술하는 칼이자 내가 온누리를 헤아리는 연장이며 **글에서 생각이 자라난다**

토양이 비옥하며 햇볕의 양이 충분한

- **토양(土壤):** 1. = 흙
- **비옥하다(肥沃-):** 땅이 걸고 기름지다. '걸다', '기름지다'로 순화
- **양(量):** 1. 세거나 잴 수 있는 분량이나 수량
- **충분하다(充分-):** 모자람이 없이 넉넉하다
- **환경(環境):** 1. 생물에게 직접·간접으로 영향을 주는 자연적 조건이나 사회적 상황

한자말 '토양'은 '흙'을 가리키고, '비옥하다'는 '걸다'나 '기름지다'로 고쳐써야 합니다. "햇볕의 양"이란 '햇볕 부피'를 가리킬 텐데, '햇볕 부피가 넉넉한(← 충분한)' 곳이란 '햇볕이 따뜻'거나 '햇볕이 잘 들'거나 '햇볕이 좋은' 곳을 가리킵니다. 땅이나 흙이 걸거나 기름지면 그대로 말해도 되고 '흙이 좋다'나 '땅이 좋다'라고도 할 만합니다.

- 1년이 지난 어린 묘의 크기는 보통 5~6㎝ 정도에 이르지만, **토양이 비옥하며 햇볕의 양이 충분한** 환경에서는 더 잘 자라기도 한다

→ 한 해가 지난 어린나무 크기는 흔히 5~6센티미터에 이르지만, **흙이 걸며 햇볕이 잘 드는** 곳에서는 더 잘 자라기도 한다

→ 한 해가 지난 어린나무는 으레 5~6센티미터에 이르지만, **흙이 기름지며 햇볕이 좋은** 곳에서는 더 잘 자라기도 한다

→ 한 해가 지난 어린나무는 으레 5~6센티미터에 이르지만, **땅이 기름지며 햇볕이 따뜻한** 곳에서는 더 잘 자라기도 한다

→ 한 해가 지난 어린나무는 으레 5~6센티미터에 이르지만, **땅이 좋으며 해가 잘 드는** 자리에서는 더 잘 자라기도 한다

특이한 경우에 속한다

- **당연시되다(當然視-):** 당연한 것으로 여기어지다
- **당연하다(當然-):** 일의 앞뒤 사정을 놓고 볼 때 마땅히 그러하다
- **특이하다(特異-):** 1. 보통 것이나 보통 상태에 비하여 두드러지게 다르다. '훨씬 다르다'로 순화 2. 보통보다 훨씬 뛰어나다. '독특하다'로 순화
- **경우(境遇):** 1. 사리나 도리 2. 놓여 있는 조건이나 놓이게 된 형편이나 사정
- **속하다(屬-):** 1. 관계되어 딸리다

'특이하다'는 "보통에 비하여 두드러지게 다르다"를 뜻한다는데, '다르다'는 "보통의 것보다 두드러진 데가 있다"를 뜻한다고 합니다. 사전풀이가 엉성합니다. 보기글은 "특이한 경우에 속한다"라 나오는데 '다르다'나 '보기 드물다'로 손봅니다. "지금과 같은 종류의 자아"라 하면 겹말이니 '오늘날 같은 나'로 손보고, "당연시되는 사회적 현실"은 '마땅히 여기는 사회'쯤으로 손봅니다.

- 지금과 같은 종류의 자아가 당연시되는 사회적 현실은 여러 문화 중에서 **특이한 경우에 속한다**
- → 오늘날 같은 나를 마땅히 여기는 사회는 여러 문화 가운데 **퍽 남다르다**
- → 오늘날 같은 나를 기꺼이 받아들이는 모습은 여러 문화 가운데 **보기 드물다**

페이지를 마주보고 지혜의 빛에 의해

- **페이지(page):** 1. = 쪽 2. = 쪽. '쪽', '면'으로 순화
- **지혜(智慧/知慧):** 1. 사물의 이치를 빨리 깨닫고 사물을 정확하게 처리하는 정신적 능력
- **의하다(依-):** 무엇에 의거하거나 기초하다. 또는 무엇으로 말미암다

읽는 사람이 '페이지를 마주본다'고 한다면 무엇을 한다는 뜻일까요? 읽는 사람은 '글'을 볼 테지요. 보기글에서는 '글에서'나 '글줄에서'나 '글씨에서'로 손질합니다. "지혜의 빛에 의해" 같은 일본 말씨는 '슬기로운 빛을 느껴'로 손볼 만하고, "자신의 자아"는 '우리 스스로'나 '참된 나'나 '참나'로 손봅니다.

- 그는 읽는 사람이 **페이지를 마주보고, 지혜의 빛에 의해** 그 양피지라는 거울에서 자신의 자아를 발견하기를 바란다
- → 그는 읽는 사람이 **글줄에서 슬기로운 빛을 느껴** 양가죽종이라는 거울에서 우리 스스로를 찾아내기를 바란다
- → 그는 읽는 사람이 **글에서 슬기로운 빛을 보며** 양가죽종이라는 거울에서 참된 나를 찾아내기를 바란다

폭풍 흡입했다

- **폭풍(暴風):** 1. 매우 세차게 부는 바람
- **흡입(吸入):** 1. 기체나 액체 따위를 빨아들임 2. 생각, 감정 따위에 빠짐

어느 때부터인지 '폭풍 흡입'이라는 말씨가 퍼집니다. 우스꽝스럽거나 익살스러운 몸짓으로 이 말씨를 쓰면서 사람들 입에서 입을 타고 오르내립니다. 그런데 '흡입'이란 한자말은 물이나 바람을 마시는 몸짓을 가리켜서 밥을 먹는 자리하고는 안 어울리는 낱말입니다. 가만히 살피면 '마구먹기(마구먹다)'나 '막먹기(막먹다)' 같은 낱말을 새로 지어서 써 볼 만합니다. '퍼먹다'를 '퍼먹기' 꼴로 써 볼 수 있고, '막퍼먹기(막퍼먹다)'처럼 힘주어 말하는 꼴로도 쓸 수 있습니다. '게걸스레 먹다'나 '게걸먹기'처럼 말해도 재미있습니다.

- 그다음은 말할 것도 없이 **폭풍 흡입했다**
- → 그다음은 말할 것도 없이 **퍼먹었다**
- → 그다음은 말할 것도 없이 **게걸스레 먹었다**
- → 그다음은 말할 것도 없이 **마구 먹었다**
- → 그다음은 말할 것도 없이 **허겁지겁 먹었다**
- → 그다음은 말할 것도 없이 **숨도 안 쉬고 먹었다**
- → 그다음은 말할 것도 없이 **마파람에 게 눈 감추듯 먹었다**

표현이 중복된 언어를 사용한 문장

- **표현(表現):** 1. 생각이나 느낌 따위를 언어나 몸짓 따위의 형상으로 드러내어 나타냄
- **중복(重複):** 거듭하거나 겹침
- **언어(言語):** 생각, 느낌 따위를 나타내거나 전달하는 데에 쓰는 음성, 문자 따위의 수단
- **사용(使用):** 1. 일정한 목적이나 기능에 맞게 씀 2. 사람을 다루어 이용함. '부림', '씀'으로 순화
- **문장(文章):** 3. [언어] 생각이나 감정을 말과 글로 표현할 때 완결된 내용을 나타내는 최소의 단위

'말이나 몸짓이나 그림으로 나타내는' 일을 한자말로 '표현'이라 합니다. "표현이 중복된 언어"라 하면 '언어'라는 한자말도 '말'을 뜻하니, 한자말 '중복'이 나타내듯이 '겹치는' 말씨가 됩니다. '겹치는 말'로 손질하거나 '겹말'로 단출하게 고쳐 봅니다. "언어를 사용한 문장"이라는 대목은 딱히 얄궂다고 할 수 없으나 '말을 쓴 글'처럼 한결 쉽게 추스를 만합니다. 이리하여 '겹치는 말을 쓴 글'이라든지 '겹말을 쓴 글월'처럼 가볍게 적어 봅니다.

- 초기 시집의 시들 중에 **표현이 중복된 언어를 사용한 문장**들은 조금 손질을 했으며
- → 예전 시집에 실린 시 가운데 **비슷한 말을 겹쳐 쓴 글월**은 조금 손질을 했으며
- → 예전 시집에 실린 시에서 **겹말을 쓴 대목**은 조금 손질을 했으며
- → 예전 시집에 나온 시에서 **겹치는 말씨**는 조금 손질을 했으며

푸르른

- **푸르다:** 1. 맑은 가을 하늘이나 깊은 바다, 풀의 빛깔과 같이 밝고 선명하다 4. 젊음과 생기가 왕성하다 5. 희망이나 포부 따위가 크고 아름답다 6. 공기 따위가 맑고 신선하다
- **푸르르다:** '푸르다'를 강조하여 이르는 말

'풀'에서 '풀빛'이 나오고, 이를 '푸르다'로 나타냅니다. 그런데 사전에서는 '파랗다'라 해야 할 하늘빛이나 바다빛을 "푸르다"로 풀이를 달아 놓기도 합니다. 이에 그치지 않고 2015년부터 '푸르르다'를 사전에 올려 표준말로 다룹니다. 그런데 '푸르다'를 힘주어 나타내는 낱말로는 '짙-(짙다)'을 붙인 '짙푸르다'가 따로 있습니다. '누렇다'를 '누르다'라 하며, 힘줌말로 '싯누렇다'가 있을 뿐, '누르르다'를 쓰지 않습니다. '파랗다'는 '새파랗다'라는 힘줌말이 있을 뿐, '파라라다'라 하지 않습니다. '하늘이 푸르다'라 말하려 한다면, 이때에는 '맑다'는 뜻이겠지요.

- ● 괴로운 날은 오직 내일만이 **푸르른** 명예였다
- → 괴로운 날은 오직 내일만이 **푸른** 이름이었다
- → 괴로운 날은 오직 모레만이 **푸르렀다**
- → 괴로운 날은 오직 모레만이 **맑았다**

하나의 사소한 소멸로써

- **파도(波濤):** 1. 바다에 이는 물결 ≒ 도란(濤瀾)·도파(濤波)
- **해변(海邊):** = 바닷가
- **사소하다(些少-):** 보잘것없이 작거나 적다
- **소멸(消滅):** 1. 사라져 없어짐 ≒ 소망(消亡)·시멸

'물결'을 '파도'라는 한자말로 옮기는 분이 많기는 해도 '도란·도파'를 쓸 사람은 없겠지요. 바다 가장자리는 '바닷가'라 하면 됩니다. 보잘것없거나 작으면 '보잘것없다'나 '작다'라 하면 되고, 사라지거나 없어지면 '사라지다'나 '없어지다'를 쓰면 됩니다. 말끝은 '것'을 넣어 늘어뜨리지 말고 단출하게 적으면 됩니다.

- 바다는 어디서부터 가져온 파도를 해변에, **하나의 사소한 소멸로써** 부려놓는 것일까
- → 바다는 어디서 가져온 물결을 바닷가에, **자그맣게 사라지도록** 부려놓을까
- → 바다는 어디서 가져온 물결을 바닷가에, **얼마나 작게 없어지도록** 부려놓을까

하늘의 푸르름·빛을 발하고 있는

• **발하다(發-):** 1. 꽃 따위가 피다 2. 빛, 소리, 냄새, 열, 기운, 감정 따위가 일어나다. 또는 그렇게 되게 하다

하늘은 파랗습니다. 이 파란 빛깔을 바라보며 '하늘이 파랗다'라 합니다. 빛깔을 말할 적에는 '파란 하늘'이라 합니다. 보기글은 "하늘의 푸르름"이라 적기에 번역 말씨이면서 틀린 말입니다. 하늘빛은 파랑이니까요. 그리고 '푸르다'라는 낱말을 더 살피면 '푸름'으로 이름씨꼴을 적습니다. 이 대목에서도 보기글은 얄궂습니다. "빛을 발하고 있는"은 '빛을 내는'이나 '빛나는'이나 '눈부신'으로 손봅니다.

● **하늘의 푸르름**을 감싸안고 **빛을 발하고 있는** 시라누이 바다
→ **파란 하늘**을 감싸안고 **빛을 내는** 시라누이 바다
→ **파란 하늘**을 감싸안고 **빛나는** 시라누이 바다
→ **하늘을 파랗게** 감싸안으며 **눈부신** 시라누이 바다

한 과일 가게

- **도중(途中)**: 1. 길을 가는 중간 ≒ 노중·노차(路次)·도차(途次)
- **한**: 2. '어떤'의 뜻을 나타내는 말

"도중에"는 '가다가'나 '가는 길에'로 손질합니다. 사전을 살펴보면 비슷한말이라며 한자말을 셋 달아 놓지만 모두 덧없습니다. 사전은 '한'이 "어떤"을 가리킨다면서 풀이말을 달지만, 이는 군더더기입니다. 영어에서는 'He's a teacher'나 'A lion is a dangerous animal'나 'She's a friend'나 'a man'처럼 쓸 테지만, 한국말에서는 '한'을 따로 안 붙입니다. '한 교사'도 '한 사자'도 '한 짐승'도 '한 친구'도 '한 남자'도 아닙니다. 콕 집어서 '어느' 곳에 갔다고 밝히고 싶다면 '어느'를 넣으면 됩니다.

- 도중에 **한 과일 가게**에 들어가니 새 과일이 산더미 같이 쌓여 있기에
→ 가다가 **어느 과일 가게**에 들어가니 새 과일이 멧더미같이 쌓였기에
→ 가는 길에 **과일 가게**에 들어가니 새 과일이 멧더미같이 쌓였기에

170

한글 표현 능력

- **우선(于先):** 1. 어떤 일에 앞서서. '먼저'로 순화 ≒ 위선(爲先)
- **이해하다(理解-):** 2 깨달아 알다. 또는 잘 알아서 받아들이다
- **능력(能力):** 1. 일을 감당해 낼 수 있는 힘 ≒ 역능(力能)
- **한글:** 우리나라 고유의 글자
- **표현(表現):** 1. 생각이나 느낌 따위를 언어나 몸짓 따위의 형상으로 드러내어 나타냄
- **적절하다(適切-):** 꼭 알맞다

한글은 '글씨'입니다. 말을 이야기하는 자리에서는 '한국말·우리말'을 써야 올바릅니다. "한글 표현 능력"이라 하면 '글씨 쓰는 솜씨'가 되겠지요. "외국어 이해 능력"이란 '외국말 잘 알기'나 '외국말 잘 하기'로 손보고, "한글로 적절하게 옮기는 능력이 필요하다"란 '한국말로 잘 옮길 줄 알아야 한다'로 손봅니다.

- ● 우선은 외국어 이해 능력이, 둘째로 **한글 표현 능력**이, 셋째로 외국어를 한글로 적절하게 옮기는 능력이 필요하다
- → 먼저 외국말을 잘 알아듣고, 둘째로 **한국말을 잘 쓰며**, 셋째로 외국말을 한국말로 알맞게 옮길 줄 알아야 한다
- → 무엇보다 외국말을 잘 알고, 둘째로 **한국말을 잘 쓰며**, 셋째로 외국말을 한국말로 잘 옮길 수 있어야 한다

행복에 관한 고전적이고 철학적인 문제를 낳는다

- **고전적(古典的)**: 1. 옛날의 의식이나 법식을 따르는 2. 고전이 될 만한 내용과 의의를 가지는
- **고전(古典)**: 1. 옛날의 의식(儀式)이나 법식(法式) 2. 오랫동안 많은 사람에게 널리 읽히고 모범이 될 만한 문학이나 예술 작품
- **철학적(哲學的)**: 철학에 기초를 두거나 철학에 관한
- **철학(哲學)**: 1. 인간과 세계에 대한 근본 원리와 삶의 본질 따위를 연구하는 학문
- **낳다**: 2. 어떤 결과를 이루거나 가져오다

보기글에서 "고전적"은 '오래된'을 가리키고, "철학적"은 '생각할'을 가리킵니다. 기쁨을 놓고 오래된 생각할 거리가 있다는 소리인데, 이는 '기쁨이란 무엇인가 하고 묻는다'는 뜻이요, 옛날부터 누구나 '기쁨은 무엇인가를 물'었다는 뜻입니다. "문제를 낳는다"는 번역 말씨라 '문제가 있다'로 고쳐야 하지만, 이 자리에서는 '묻는다'로 손볼 만합니다.

- 아무리 기분 좋은 이미지라 해도, 위의 이미지는 철학자 로버트 노직이 지적하는 **행복에 관한 고전적이고 철학적인 문제를 낳는다**
→ 아무리 즐거운 느낌이라 해도, 이 느낌은 철학자 로버트 노직이 꼬집듯 **기쁨은 무엇인가를 묻는다**
→ 아무리 즐거운 모습이라 해도, 이런 모습은 철학자 로버트 노직처럼 **기쁨이란 무엇인가 하고 묻는다**

현명한 소비를 위해서 꼭 필요한

- **현명하다(賢明-):** 어질고 슬기로워 사리에 밝다
- **소비(消費):** 돈이나 물자, 시간, 노력 따위를 들이거나 써서 없앰
- **위하다(爲-):** 3. 어떤 목적을 이루려고 하다
- **필요하다(必要-):** 반드시 요구되는 바가 있다 ≒ 수요하다

"현명한 소비"라고 한다면 '슬기로운 소비'나 '똑똑한 소비'라는 뜻일 테지요. 한국 말씨로는 '슬기롭게 소비'나 '똑똑하게 소비'처럼 적어야 알맞은데, 이는 '슬기롭게 살림'이나 '똑똑하게 살림'을 가리킵니다. '필요하다'는 '반드시 있어야 하다'를 뜻하기에 "꼭 필요한"이라 하면 겹말입니다. '꼭 있을'이나 '꼭 쓸'로 손질합니다.

- ● **현명한 소비를 위해서는 꼭 필요한** 물품이 무엇인지 확인하고
- → **슬기롭게 살림을 꾸리려면 꼭 있을** 물품이 무엇인지 살피고
- → **똑똑하게 살림을 하려면 꼭 쓸** 물품이 무엇인지 살피고

황량한 먼지 속의· 어두운 이미지들을

- **카메라(camera):** 1. [연영] = 사진기(寫眞機) 2. = 촬영기
- **셔터(shutter):** 1. [연영] 사진기에서, 필름에 적당한 양의 빛을 비추기 위하여 렌즈의 뚜껑을 재빨리 여닫는 장치
- **황량하다(荒凉-):** 황폐하여 거칠고 쓸쓸하다
- **침잠(沈潛):** 1. 겉으로 드러나지 아니하게 물속 깊숙이 가라앉거나 숨음

사진을 찍을 적에 '셔터'를 누른다고 흔히 쓰는데, 여닫는 곳을 가리킨다면 '여닫개'로, 누르는 것을 가리킨다면 '단추'라 하면 됩니다. 먼지가 피거나 이는 곳은 '거칠'거나 '메마릅'니다. 어두워 '보이는' 곳은 "어두운 이미지들을 가진 어두운 곳"이 아닌 '어두운 그림'이나 '어두운 곳'이라 하면 됩니다. "침잠"은 '가라앉다'나 '빠져든다'로 손봅니다.

- ● 카메라의 셔터를 누르고 나는 **황량한 먼지 속의** 피와 죽음으로 얼룩진 **어두운 이미지들을** 가진 어두운 곳으로 침잠한다
- → 사진기 단추를 누르고 나는 **거친 먼지가 이는** 피와 죽음으로 얼룩진 **어두운 그림이** 있는 곳으로 가라앉았다
- → 사진기 단추를 누르고 나는 **메마른 먼지가 이는** 피와 죽음으로 얼룩진 **그림으로** 어두운 곳에 빠져든다

후회를 금할 길이 없습니다

- **확고하다(確固-):** 태도나 상황 따위가 튼튼하고 굳다
- **신뢰(信賴):** 굳게 믿고 의지함 ≒ 뇌비·시뢰(恃賴)·시빙·의뢰
- **후회(後悔):** 이전의 잘못을 깨치고 뉘우침
- **금하다(禁-):** 1. 어떤 일을 하지 못하게 말리다 2. 감정 따위를 억누르거나 참다

"그의 흘러넘치는"이 아닌 '그한테서 흘러넘치는' 사랑이라
해야 알맞습니다. 튼튼하고 굳은 사랑이라면 '듬직하다'가 어
울립니다. "민중을 향한 신뢰"란 '사람을 믿는 마음'일 테지
요. "후회를 금할 길이 없습니다"는 버릇말로 여기는데 '그저
뉘우친다'나 '뉘우칠 뿐이다'로 손볼 만합니다.

- 그의 흘러넘치는 확고한 사랑, 민중을 향한 신뢰를 마주하노라면 **후회
를 금할 길이 없습니다**

→ 그한테서 흘러넘치는 듬직한 사랑, 사람을 믿는 마음을 마주하노라면
그저 뉘우칠 뿐입니다

→ 그가 보이는 듬직한 사랑, 사람을 믿는 모습을 마주하노라면 **뉘우치지
않을 수 없습니다**

휴식도 취할 수

- **안내(案內):** 1. 어떤 내용을 소개하여 알려 줌. 또는 그런 일
- **휴식(休息):** 하던 일을 멈추고 잠깐 쉼
- **취하다(取-):** 2. 자기 것으로 만들어 가지다
- **쉬다:** 1. 피로를 풀려고 몸을 편안히 두다 5. 일이나 활동을 잠시 그치거나 멈추다

지난날에는 누구나 손쉽게 '쉰다'고 했어요. 하던 일을 멈추고서 몸에 새롭게 기운이 나도록 하려는 마음이기에 '쉬'지요. '휴식을 취하다' 같은 말씨를 끌어들이지 않아도 '쉬다'라는 낱말을 쓰면 넉넉합니다. 쉴 적에는 '다리쉼'이 될 수 있습니다. 꾸밈말을 붙이고 싶으면 '느긋이 쉰다'라든지 '가만히 쉰다'라든지 '조용히 쉰다'라든지 '살짝 쉰다'처럼 써 보면 됩니다.

- ● 국립극장의 문화 쉼터에 가면 공연 안내도 받고 **휴식도 취할 수** 있으니
- → 국립극장 문화 쉼터에 가면 공연 안내도 받고 **쉴 수도** 있으니
- → 국립극장 문화 쉼터에 가면 공연도 알려주고 **느긋이 쉴 수도** 있으니
- → 국립극장 문화 쉼터에 가면 공연도 알려주고 **다리를 쉴 수도** 있으니

힘찬 움직임 속에서

- **속**: 6. 어떤 현상이나 상황, 일의 안이나 가운데
- **가운데**: 5. 어떤 일이나 상태가 이루어지는 범위의 안
- **안**: 1. 어떤 물체나 공간의 둘러싸인 가에서 가운데로 향한 쪽
- **중(中)**: [매인이름씨] 3. 어떤 상태에 있는 동안

그림씨나 움직씨에 '-ㅁ'을 붙여 이름씨 꼴로 바꾼 뒤에 '속·가운데·안'이나 '중(中)'을 넣으면 번역 말씨이자 일본 말씨입니다. 일본에서는 '中'이라는 한자를 넣어 서양말을 옮겼고, 한국에서 이 일본 말씨를 고스란히 받아들였습니다. '-ㅁ'을 붙이는 말씨를 알맞게 가누면서 '속·가운데·안·중'을 털어냅니다.

- 미끄러지듯 나아가는 고래는 조용한 기쁨, 빠르고 **힘찬 움직임 속에서** 맛보는 평화로운 안정감에 싸여 있었다
→ 미끄러지듯 나아가는 고래는 조용히 기뻤고, 빠르고 **힘차게 움직이면서** 아늑하다고 느꼈다
→ 미끄러지듯 나아가는 고래는 조용히 기뻤고, 빠르고 **힘차게 움직이면서** 아늑했다

맺음말

우리가 흔히 책에서 마주하는 전문 용어, 번역 말씨, 들온말이나 인터넷에서 쓰는 말은 쉽게 말뜻을 헤아리기 어려워 어지럽습니다. 이 책에서는 보기글을 보여준 뒤에 서로 말뜻이 잘 흐를 수 있도록 새로운 말을 짓거나 알기 쉬운 말로 고쳐 보았습니다.

얄궂은 글을 서로 이모저모 따져서 재미있고 고운 말로 고치면서, 저마다 다른 생각을 다른 말씨에 새로우며 즐겁게 펼칠 수 있기를 바랍니다. 제가 살그마니 첫머리를 열어 봅니다. 사뿐사뿐 함께 이 길을 걸어 보시면 좋겠습니다.

보기글을 뽑은 책

- 가와사키 쇼헤이, 김연한 옮김, 《중쇄 미정》, 그리조아(GRIJOA), 2016
- 고은, 《내일의 노래》, 창작과비평사, 1992
- 고형렬과 열여섯 사람, 권택명과 두 사람 옮김, 《몬순 vol.2》, 삼인, 2017
- 공현·전누리, 《우리는 현재다》, 빨간소금, 2016
- 권미루, 《한복, 여행하다》, 푸른향기, 2017
- 권혁웅, 《외롭지 않은 말》, 마음산책, 2016
- 그레그 마리노비치·주앙 실바, 김성민 옮김, 《뱅뱅클럽》, 월간사진출판사, 2013
- 기무라 아키노리·이시카와 다쿠지, 염혜은 옮김, 《흙의 학교》, 목수책방, 2015
- 기타다 히로미쓰, 문희언 옮김, 《앞으로의 책방》, 여름의숲, 2017
- 김달, 《여자 제갈량 1》, 레진코믹스, 2015
- 김명인, 《부끄러움의 깊이》, 빨간소금, 2017
- 김병섭·박창현, 《여고생 미지의 빨간약》, 양철북, 2015
- 김선주·송재형, 《한국 매미 생태 도감》, 자연과생태, 2017
- 김성현, 《김성현이 들려주는 참 쉬운 새 이야기》, 철수와영희, 2017
- 김시종, 윤여일 옮김, 《재일의 틈새에서》, 돌베개, 2017
- 김연경, 《아직 끝이 아니다》, 가연, 2017

- 김영건, 《당신에게 말을 건다, 속초 동아서점 이야기》, 알마, 2017
- 김옥수, 《한글을 알면 영어가 산다》, 비꽃, 2016
- 김종건, 《50대 청년, 대한민국을 걷다》, 책미래, 2018
- 김해자, 《시의 눈, 벌레의 눈》, 삶창, 2017
- 나희덕, 《사라진 손바닥》, 문학과지성사, 2004
- 노시내, 《스위스 방명록》, 마티, 2015
- 노을이, 《10대와 통하는 심리학 이야기》, 철수와영희, 2017
- 니노미야 토모코, 이지혜 옮김, 《전당포 시노부의 보석상자 5》, 대원씨아이, 2018
- 다이쿠바라 야타로, 박영 옮김, 《티베트 의학의 지혜》, 여강출판사, 1991
- 데이비드 바인, 유강은 옮김, 《기지 국가》, 갈마바람, 2017
- 디팩 초프라, 이현주 옮김, 《우주 리듬을 타라》, 샨티, 2013
- 레진 드탕벨, 문혜영 옮김, 《우리의 고통을 이해하는 책들》, 펄북스, 2017
- 롭 드살레·수전 L.퍼킨스, 김소정 옮김, 《미생물군 유전체는 내 몸을 어떻게 바꾸는가》, 갈매나무, 2018
- 류시화 엮어 옮김, 《한 줄도 너무 길다》, 이레, 2000
- 리처드 도킨스, 김명남 옮김, 《리처드 도킨스 자서전 1》, 김영사, 2016
- 문숙, 《문숙의 자연식》, 샨티, 2015
- 미야자와 겐지, 차주연 옮김, 《플랜던 농업학교의 돼지》, 달팽이출판, 2016
- 미야코 리츠, 김시내 옮김, 《거짓말풀이 수사학 1》, 학산문화사, 2016
- 박남준, 《박남준 시선집》, 펄북스, 2017
- 박서영, 《좋은 구름》, 실천문학사, 2014
- 배성호, 《수다로 푸는 유쾌한 사회》, 책과함께어린이, 2016
- 배종옥, 《배우는 삶 배우의 삶》, 마음산책, 2016
- 사노 요코, 서혜영 옮김, 《어쩌면 좋아》, 서커스, 2017
- 사토 타카노리, 김주영 옮김, 《반려견 응급처치 매뉴얼》, 단츄별, 2017

- 소영, 《오늘도 핸드메이드! 1》, 비아북, 2017

- 송정임·김종관, 《블루 플라크, 스물세 번의 노크》, 뿌리와이파리, 2015

- 시라하마 카모메, 서현아 옮김, 《고깔모자의 아뜰리에 1》, 학산문화사, 2018

- 시미즈 켄, 신유희 옮김, 《112일간의 엄마》, 소담출판사, 2016

- 신용석, 《국립공원 이해와 관리》, 자연과생태, 2016

- 안건모, 《삐딱한 책읽기》, 산지니, 2017

- 안성진, 《내 안에 잠든 작가의 재능을 깨워라》, 가나북스, 2016

- 애나 메리 로버트슨 모지스, 류승경 옮김, 《인생에서 너무 늦은 때란 없습니다》, 수오서재, 2017

- 야기누마 고, 김동욱 옮김, 《트윈 스피카 3》, 세미콜론, 2013

- 양주동, 《문주반생기》, 최측의농간, 2017

- 엘렌 심, 《환생동물학교 1》, 북폴리오, 2018

- 옌스 죈트겐·크누트 푈츠케 엮음, 강정민 옮김, 《먼지 보고서》, 자연과생태, 2012

- 오리여인, 《우리말 꽃이 피었습니다》, seedpaper, 2016

- 오제 아키라, 이기진 옮김, 《우리 마을 이야기 4》, 길찾기, 2012

- 우라사와 나오키, 윤영의 옮김, 《플루토 3》, 서울문화사, 2007

- 유설화, 《으리으리한 개집》, 책읽는곰, 2017

- 이반 일리치, 정영목 옮김, 《텍스트의 포도밭》, 현암사, 2016

- 이시무레 미치코, 서은혜 옮김, 《신들의 마을》, 녹색평론사, 2015

- 이영보, 《거미가 궁금해》, 자연과생태, 2018

- 이오덕, 《아동시론》, 세종문화사, 1973

- 이월곡, 《위! 아래!》, 분홍고래, 2016

- 이은영, 《미래로 가는 희망 버스, 행복한 재개발》, 분홍고래, 2015

- 이정자, 《그윽》, 문학의전당, 2016

- 이종형, 《꽃보다 먼저 다녀간 이름들》, 삶창, 2017

- 이주영, 《어린이책 100선》, 너른들, 2003

- 이태우, 《혼자 알기 아까운 책 읽기의 비밀》, 연지출판사, 2015

- 자일스 스패로, 강태길 옮김, 《우주 100 Universe 1》, 청아출판사, 2016

- 장샤오위안, 이경민 옮김, 《고양이의 서재》, 유유, 2015

- 장석남, 《꽃 밟을 일을 근심하다》, 창비, 2017

- 장세이·장수영, 《엄마는 숲해설가》, 목수책방, 2016

- 전쟁없는 세상 엮음, 《저항하는 평화》, 오월의봄, 2015

- 전희식, 《옛 농사 이야기》, 들녘, 2017

- 정서윤, 《무심한 듯 다정한》, 안나푸르나, 2016

- 제님씨, 《포근하게 그림책처럼》, 헤르츠나인, 2017

- 제정임·단비뉴스취재팀, 《벼랑에 선 사람들》, 오월의봄, 2012

- 조너선 밸컴, 양병찬 옮김, 《물고기는 알고 있다》, 에이도스, 2017

- 조문환, 《바람의 지문》, 펄북스, 2016

- 조안 엘리자베스 록, 조응주 옮김, 《세상에 나쁜 벌레는 없다》, 민들레, 2004

- 존 버거, 최민 옮김, 《다른 방식으로 보기》, 열화당, 2012

- 줄리아 버터플라이 힐, 강미경 옮김, 《나무 위의 여자》, 가야넷, 2003

- 진엽, 《개.똥.승.》, 책공장더불어, 2016

- 최부식, 《봄비가 무겁다》, 문학의전당, 2015

- 칼 세데르스트룀·앙드레 스파이서, 조응주 옮김, 《건강 신드롬》, 민들레,
  2016

- 케이, 《남편이 일본인입니다만》, 모요사, 2016

- 콘노 키타, 김승현 옮김, 《다음 이야기는 내일 또 1》, 대원씨아이, 2010

- 피터 프랭코판, 이재황 옮김, 《실크로드 세계사》, 책과함께, 2017

- 필립 T. 호프먼, 이재만 옮김, 《정복의 조건》, 책과함께, 2016

- 한국지역인문자원연구소, 《소나무 인문 사전》, 휴먼앤북스, 2016

- 한성우, 《우리 음식의 언어》, 어크로스, 2016

- 한양명, 《허공의 깊이》, 애지, 2012

- 허먼 멜빌, 김석희 옮김, 《모비딕》, 작가정신, 2010

- 허쉐펑, 김도경 옮김, 《탈향과 귀향 사이에서》, 돌베개, 2017

- 환경과공해연구회, 《공해문제와 공해대책》, 한길사, 1991

- 황선미, 《동화 창작의 즐거움》, 사계절, 2006

- 황풍년, 《전라도, 촌스러움의 미학》, 행성B잎새, 2016

- 황혜주, 《흙집에 관한 거의 모든 것》, 행성B, 2017